Ficha Catalográfica

(Preparada na Editora)

Baduy Filho, Antônio, 1943-

B129o *Outras Histórias* / Antônio Baduy Filho, Espíritos Hilário Silva e Valérium. Araras, SP, 1ª edição IDE, 2013.

256 p.

ISBN 978-85-7341-598-8

1. Espiritismo 2. Psicografia - Mensagens I. Silva, Hilário. II. Valérium. IV. Título.

CDD-133.9
-133.91

Índices para catálogo sistemático:

1. Espiritismo 133.9
2. Psicografia: Mensagens: Espiritismo 133.91

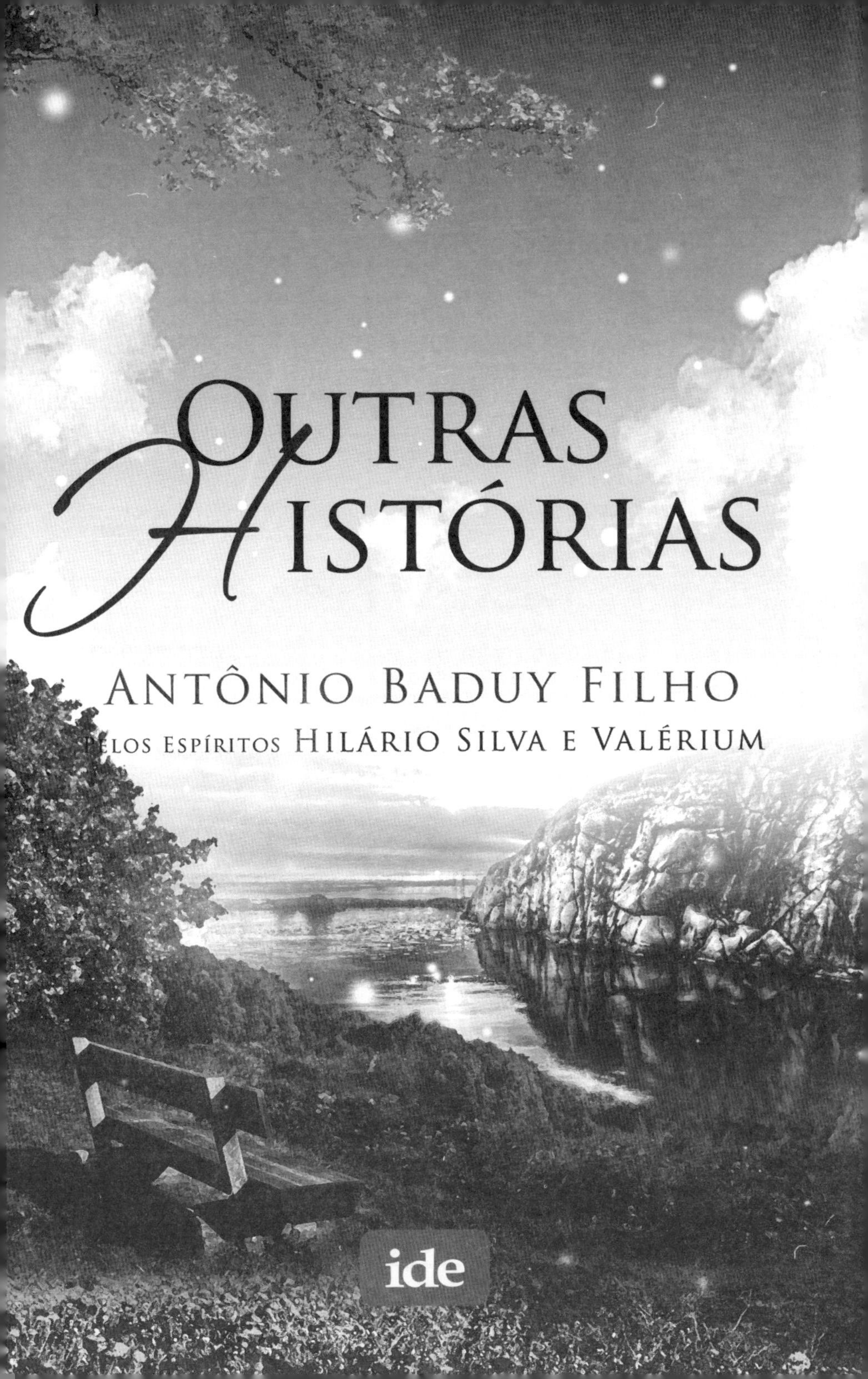
Outras Histórias
Antônio Baduy Filho
Pelos Espíritos Hilário Silva e Valérium
ide

ISBN 978-85-7341-598-8
1ª edição - outubro/2013

Conselho Editorial:
Hércio Marcos Cintra Arantes
Doralice Scanavini Volk
Wilson Frungilo Júnior

Projeto Editorial:
Jairo Lorenzetti

Revisão de texto:
Mariana Frungilo

Capa:
César França de Oliveira

Diagramação:
Maria Isabel Estéfano Rissi

INSTITUTO DE DIFUSÃO ESPÍRITA - IDE
Av. Otto Barreto, 1067 - Cx. Postal 110
CEP 13600-970 - Araras/SP - Brasil
Fone (19) 3543-2400
CNPJ 44.220.101/0001-43
Inscrição Estadual 182.010.405.118

www.ideeditora.com.br
editorial@ideeditora.com.br

SUMÁRIO

Os capítulos de números ímpares são de autoria do Espírito Hilário Silva, e os de números pares são do Espírito Valérium

Outras Histórias

Capítulos ímpares são de autoria
Espírito Hilário Silva

Capítulos pares são de autoria
Espírito Valérium

Todos através do médium
Antônio Baduy Filho

Outras Histórias

Voltamos à sua presença, leitor amigo, com outras histórias, relatos autênticos da vida comum, nos quais o bom senso impõe o anonimato, exceto em algumas revelações, onde os personagens são reais.

Nestas páginas, as situações vividas em dado momento permitem extrair lições proveitosas para o esforço de renovação íntima, conforme os ensinamentos de Jesus.

Com o desejo sincero de que nosso trabalho alcance o objetivo proposto, rogamos as bênçãos do Senhor.

HILÁRIO SILVA E VALÉRIUM

Ituiutaba, 14 de junho de 2013

1

O INCÔMODO

Arsênio Pirapora era ótima pessoa. Trabalhador incansável. Amigo dos menos favorecidos. Revelava, porém, constante irritação.

Alertado quanto à necessidade do esforço próprio para vencer o mau gênio, respondia que orava sempre a Deus, pedindo para libertá-lo desse incômodo.

José, um dos companheiros na instituição, dizia-lhe:

– Não é bem assim. Deus ajuda, mas é preciso empenho na renovação íntima para superar as imperfeições.

Arsênio, no entanto, retrucava, confiante:

– O Senhor ainda vai me livrar desse mal.

Quando, em certa ocasião, os dois amigos assistiam a uma conferência, Arsênio não se sentiu bem. Dor abdominal. Suor frio. Começou a orar, rogando o auxílio de benfeitores espirituais, mas as cólicas iam aumentando de intensidade. Comunicou-se, então, com José, que o acompanhou para fora do recinto.

Contudo, antes que se dirigisse ao banheiro, o amigo aproveitou a ocasião e lhe disse com uma dose de malícia:

+ Sua dor de barriga vale por uma lição. Ninguém pode resolvê-la, a não ser você mesmo.

Arsênio entendeu a referência e bateu a porta com força.

2

ENCRUZILHADA

Na encruzilhada, o viajante olhou para trás e observou o caminho percorrido durante a noite.

Trilha sinuosa.

Vendaval.

Pedras ásperas.

Temporais.

Mata fechada.

Sombras.

Agora, porém, em plena luz do dia, podia escolher nova estrada. Consultou mapas, estudou a região e consciente do rumo a tomar, seguiu viagem, tranquilo e feliz.

Também já percorremos estradas sombrias, atalhos enganosos e trilhas repletas de erros e quedas.

Contudo, agora, em plena luz do Evangelho e munidos dos ensinamentos de Jesus, podemos escolher com serenidade e consciência a estrada que realmente conduz a Deus

3

A ANGÚSTIA

Já fazia muitos anos que Natalino Ferreira sofria de pertinaz angústia. Vivia triste. Deprimido. Às vezes, revoltado. Percorrera vários consultórios médicos e usara inúmeros medicamentos, mas a situação não mudara.

– É obsessão – disse-lhe, certa vez, um colega.

E Natalino passou a frequentar reuniões no Centro Espírita. Entregou-se a leituras esclarecedoras. Participava da assistência aos menos favorecidos. Entretanto, a tristeza continuava.

Resolveu, então, consultar o mundo espiritual a respeito de seu caso. No dia da sessão, manteve com um Espírito amigo interessante diálogo. Principiou quase em lágrimas:

– Nobre benfeitor, que mais devo fazer para me libertar dessa nuvem de tristeza? Tenho tentado de tudo.

A entidade comunicante respondeu, bondosa:

– É necessário abrir o coração ao bem, manter acesa a chama da confiança em Jesus.

Natalino, porém, retrucou, convicto:

– Já me tornei religioso, estou sempre presente aqui às reuniões. Contribuo para a campanha dos necessitados e leio diariamente livros doutrinários. Apesar de tudo, não alcanço a paz tão almejada.

Após pequena pausa, o benfeitor prosseguiu:

– Meu filho, o que acontece com os cadáveres insepultos expostos no campo?

O consulente redarguiu, rápido:

– São atacados e consumidos pelos abutres.

A benevolente entidade completou, então:

– Não achas parecido com o que te acontece? A nuvem de angústia são os abutres da descrença e da inconformação. Carregas um cadáver dentro de ti, pois tua fé está morta. É preciso revivê-la com o sopro da resignação, da esperança e da compreensão à luz dos ensinamentos divinos a fim de que te cerques dos beija-flores da alegria e do otimismo.

Diante da observação do benfeitor, Natalino se calou e começou a meditar que realmente não aplicava na vida diária as lições do Evangelho, que tão bem aprendia nas leituras e reuniões.

4

DESUNIÃO

A família se reuniu e resolveu a construção de nova moradia. Na semana seguinte, iniciou-se o mutirão, integrado por inúmeros familiares.

Pedreiros.

Serventes.

Carpinteiros.

Eletricistas.

Encanadores.

Ajudantes.

Entretanto, quando o serviço já ia adiantado, apareceram os marimbondos. O zumbido incômodo e as ferroadas dolorosas acabaram por expulsar os trabalhadores, que largaram a obra pela metade.

Na família cristã, frequentemente acontece o mesmo. Irmãos sinceros e dedicados se reúnem e planejam a construção do bem, trabalhando na edificação do amor e da caridade.

Contudo, eis que surgem aqueles companheiros que agem como os marimbondos. Criticam, censuram, fazem observações amargas. E tamanha é a impertinência que acabam por perturbar os obreiros bem intencionados, provocando, sem nenhum constrangimento, a desunião do grupo.

5

O ATOLEIRO

Joaquim Bonifácio tivera a infelicidade de atolar o caminhão no barro.

– Estamos encravados – exclamou com tristeza.

Viajava em companhia do amigo Ambrósio. Trabalhavam juntos no ramo de transportes. Religiosos, atuavam ambos na mesma instituição.

A chuva continuava, persistente. Estrada escorregadia. Inundada. Verdadeiro lamaçal.

– Calma, Joaquim – respondeu o companheiro com otimismo. – Vamos lutar. Temos compromisso com a carga.

– Não adianta – retrucou o motorista com o desânimo a esmagar-lhe a fisionomia. – A estrada está muito molhada.

– Vamos lutar, sim – aduziu Ambrósio. – Catar pedras. Cortar galhos. Forrar a estrada e calçar os pneus. Haveremos de conseguir.

E, assim, debaixo da chuva grossa, saíram em direção ao matagal próximo.

Após muitas horas de trabalho árduo, o serviço estava pronto. Fizeram novas tentativas. O caminhão, porém, não aluía do atoleiro. Precisavam de ajuda, mas o local era ermo, e não havia sinal de vida. Repetiram as providências com a estrada e os pneus. Foi aí que ouviram barulho. Era um trator que se aproximava. Gritaram. Acenaram. Pediram socorro. Daí a poucos instantes estavam fora do lamaçal.

Quando já viajavam, mais tranquilos, Ambrósio puxou conversa:

– Nossa perseverança nos salvou, Joaquim. Sem aquelas providências, o socorro seria muito mais difícil. Que isto nos sirva de lição, pois também é assim com respeito às conquistas espirituais. Muitas vezes, estamos atolados em dificuldades e aflições. Jesus, no entanto, recomendou que devemos persistir até o fim. E ao lado da perseverança é preciso trabalho duro, esforço e sacrifício. Quando a situação nos parece irreversível e penosa, o Mestre Divino nos oferta sempre o socorro providencial. Como o trator fez por nós.

Após a observação, ambos permaneceram calados, meditando no precioso ensinamento.

6

IDEIAS

O jornalista se sentou à mesa de trabalho e começou a pensar. Preparava seu artigo para o próximo número do jornal.

Ordenava ideias.

Fazia comparações.

Alinhava raciocínios.

Estudava argumentos.

Tirava conclusões.

Depois, passou, para o papel, seus pensamentos, encaminhando a matéria para a publicação. No dia seguinte, porém, a reportagem provocou enorme movimentação, levando a polêmicas, desmentidos e conflitos.

As ideias do jornalista, externadas no artigo, ocasionaram confusão e tumulto.

O que falamos e escrevemos é a exteriorização do que pensamos.

Busquemos, pois, inspiração no Evangelho de Jesus para que os pensamentos se impregnem do bem, e a palavra, escrita ou falada, seja a extensão da paz e do amor.

7

O CHUCHU

Sinhazinha Moreira discutira com a vizinha. Palavras ásperas. Imprecações. Ameaças.

A polêmica ocorrera por causa de um chuchu que nascera exatamente na divisa das duas casas. Ela própria o plantara em seu quintal, mas a ramagem se espalhara por toda a cerca.

Após a confusão, Sinhazinha se retirou para casa, magoada. Não estava habituada a tais situações. Era sempre de boa convivência. Frequentava reuniões religiosas. Estudava amiúde a Bíblia.

Passou o dia inteiro aborrecida. À tarde, já estava arrependida do que acontecera. Quis orar, mas antes resolveu consultar o Novo Testamento.

Abriu o livro ao acaso, e seus olhos pousaram nas palavras de Jesus: "Antes de depositardes vossa oferenda ao Senhor, ide reconciliar-vos com o adversário."

Sinhazinha ficou chocada. A Bondade Divina lhe dava preciosa lição. Saiu rapidamente de casa e procurou a vizinha. Pediu desculpas. Abraçou-a demoradamente. Enquanto ambas choravam de emoção, colheu alguns chuchus e fez deles presente à amiga.

Só depois, retornando ao lar, entregou-se fervorosamente à oração.

8

A MARCHA

A patrulha avançava sempre. Havia um objetivo a atingir, e a jornada prosseguia sem perda de tempo. Soldados e oficiais caminhavam decididamente

Estudavam mapas.

Consultavam a bússola.

Examinavam a região.

Atravessavam pântanos.

Cruzavam florestas.

Enfrentavam perigos.

Entretanto, após dias e noites de marcha forçada, lograram alcançar o objetivo em vista e, apesar do cansaço, o júbilo era geral

Da mesma forma, a marcha da evolução espiritual enfrenta situações adversas.

Contudo, apesar dos contratempos, dificuldades e provações, a finalidade do esforço e o propósito a ser alcançado são fontes permanentes de estímulo e alegria, pois o objetivo maior da ascensão espiritual é o encontro com Deus.

9

A RECEITA

João Taciano sofria de incômoda moléstia e, após eficiente tratamento médico, alcançou a cura. Remédios. Dieta específica. Vida regrada. João não cabia em si de contente. Recuperou a disposição ao trabalho. Voltou a sorrir. Passeava com a família.

Com o tempo, porém, foi relaxando o regime e abandonou os medicamentos. Entregou-se a todo tipo de extravagâncias. A esposa, preocupada, dizia-lhe:

– Tome cuidado. A doença pode voltar. É preciso acatar a orientação do médico. Após as curas, Jesus também recomendava a mudança de vida.

Ele, no entanto, respondia, sem dar maior atenção:

– Estou curado.

Um dia, porém, caiu de cama novamente. A moléstia retornara. O organismo não suportava os excessos. Dores. Desconforto. Repouso compulsório. João Taciano lamentava. Revoltava-se. Desacreditava da medicina.

Quis, então, uma receita espiritual. Procurou um médium receitista e obteve a seguinte comunicação: "Meu filho, siga o tratamento médico e mude de hábitos. A tiririca é praga que só se elimina pela raiz. A não ser assim, volta sempre."

João havia pedido remédios, mas recebera uma receita de vida.

10

CONSTRUÇÃO DO BEM

O mestre de obras recebeu os projetos do edifício e logo o serviço começou com as providências necessárias.

Andaimes.

Pilares.

Paredes.

Cobertura.

Acabamento.

Seguindo à risca as recomendações dos engenheiros, o mestre de obras concluiu a construção no prazo estipulado.

Façamos o mesmo com respeito à nossa edificação espiritual. O Evangelho é sublime projeto de vida. Apliquemo-lo em nossas experiências diárias com amor e perseverança.

E, atendendo aos ensinamentos de Jesus com esforço e trabalho, logo a construção do bem será realidade para nós.

11

POR ACASO

— Tudo é obra do acaso. Duas moléculas se juntaram e surgiu todo o Universo.

O comentário era de Eustáquio Rosa. Materialista, não admitia a existência do Autor da Criação.

Napoleão, o amigo que o acompanhava, respondia, convicto:

– O acaso é cego. Como pode ser o responsável por tamanha beleza e perfeição? Os astros. A Natureza. Nós mesmos. Há um Criador de todas as coisas...

Eustáquio, porém, retrucava com uma ponta de exaltação:

– Não creio. Só acredito no que vejo, pego e palpo.

A discussão continuou ainda por algum tempo, sem qualquer solução. Cada um defendia o próprio ponto de vista.

No dia seguinte, Napoleão recebeu a notícia de que o amigo

estava doente. Foi visitá-lo. Eustáquio estava acamado. Queixava-se e dizia, ardendo de febre:

– Estou mal. A cabeça dói. O corpo está moído. Tenho enjoos. O médico disse que é uma virose.

O visitante, porém, aparentando bom humor, começou a falar:

– Isto é virose para o médico. Para você é obra do acaso.

Como o amigo mostrasse surpresa, Napoleão prosseguiu, sorrindo:

– O vírus, a gente não vê, não pega e não palpa. Logo, de acordo com sua teoria, você está doente por acaso.

Eustáquio compreendeu a referência ao assunto da véspera, franziu a testa e se virou para o canto.

12

PRECONCEITO

O homem tentava assaltar a loja e ficou ferido. Estirado na calçada, contorcia-se e gemia de dor.

Gritava por socorro.

Chorava e pedia água.

Mostrava sofrimento.

Referia-se a um nome.

Chamava por alguém.

Embora a multidão de curiosos em volta, ninguém se aproximou do infeliz. Uns sorriam, irônicos. Outros apenas olhavam. E alguns comentavam: "É ladrão, deixem morrer."

Até que a ambulância chegasse, o homem permaneceu sozinho.

É fácil falar em solidariedade, mas quantas vezes o preconceito, em nome das convenções humanas, impede-nos de exercer o amor ao próximo.

13

QUEIJO CURADO

No domingo, logo pela manhã, Sinval Rodrigues recebeu a visita do amigo Jonivaldo, companheiro na equipe de trabalho assistencial. Estava triste. Cabisbaixo. Quase em lágrimas.

Após os cumprimentos e alguns minutos de silêncio, o visitante começou a falar:

– Vim lhe dizer que vou deixar a instituição.

Depois de uma pausa e diante da surpresa do amigo, continuou:

– Não aguento mais tanto sofrimento. Desde que me tornei espírita, as aflições se sucedem. Aprendi muito com o Espiritismo. Minha vida deveria ser tranquila e alegre. Mas, não. Só encontro dificuldades, problemas.

Sinval, percebendo a amargura do companheiro, interferiu:

– Tenha calma. Vamos tomar um café e depois conversamos.

Quando chegaram à cozinha, a esposa do anfitrião ralava um pedaço de queijo duro, preparando o almoço. Sinval, observando o serviço da mulher, aproveitou-se do momento e comentou:

– Deus é Infinita Sabedoria. Sabe quando estamos preparados para as provações. Imagine se aquele queijo estivesse fresco. Não aguentaria ser ralado e se faria em pedaços. Se as aflições chegaram é porque você pode suportá-las. Você é o queijo curado, pronto para o ralador.

Jonivaldo sorriu ante a comparação. Sentiu grande alívio com a palavra do amigo e, depois do cafezinho, conversou animadamente sobre as tarefas assistenciais.

14

Recolhimento

O homem saiu de casa, dirigindo-se ao trabalho no campo.

Fez longa viagem.

Inspecionou cercas.

Recomendou acertos.

Fiscalizou pastagens.

Vistoriou aguadas.

Examinou currais.

Providenciou tarefas.

Após um dia inteiro de serviço cansativo, retornou ao lar. Entretanto, após o banho, recolheu-se para o repouso em cômodo isolado da casa, antes que fosse servido o jantar. Queria receber o alimento com o corpo descansado.

Que nos aconteça o mesmo no campo do espírito. No trabalho diário de autoaperfeiçoamento, procuremos, em determinado momento, o recolhimento interior, na pausa da meditação, a fim de que possamos usufruir a presença amiga de Jesus e receber o pão espiritual com serenidade e paz.

15

AFOBAÇÃO

Joaquim Medeiros era muito boa pessoa, mas vivia aflito. Inquieto e afobado, não cultivava a paz interior.

Estava saindo de férias com a família e bem cedo já agitava a casa. Queria sair logo. Chamava. Gritava. Resmungava.

A esposa lhe dizia:

– Calma, Joaquim. Não se pode fazer tudo de uma vez.

A impertinência, porém, continuou até a hora da saída. Partiu com pressa.

Já no meio do caminho, o motor começou a falhar até que parou completamente. Como não entendia nada de mecânica, pediu socorro. E quando o profissional terminou a vistoria, o único problema encontrado foi o tanque de combustível vazio.

Na afobação para viajar, Joaquim se esquecera de abastecer o carro.

16

A PAZ

O chefe da família resolvera deixar o trabalho. Abandonou o emprego e permaneceu totalmente sem ocupação. Com o tempo, começou a faltar quase tudo em casa.

Alimentos.

Roupas.

Remédios.

Energia.

Água.

A ausência de respeito e concórdia se abateu sobre toda a família. A esposa reclamava com razão, os filhos entravam em conflito, os parentes interferiam.

A indiferença do provedor das necessidades domésticas disseminava a desarmonia, e o lar, antes alegre e sereno, transformara-se em ninho de inquietude.

É assim também com relação ao lar interior.

Quantas vezes perdemos a paz e semeamos a inquietação à nossa volta, simplesmente porque nos recusamos a viver de acordo com os ensinamentos de Jesus, trabalhando e servindo com dignidade e amor.

17

O DOCE

José Fortunato era dado a elogios. Por qualquer motivo, derramava-se em lisonjas aos outros.

Uma palestra edificante, um trabalho assistencial, uma comunicação mediúnica eram suficientes para ocasionar uma chuva de frases elogiosas.

Tal comportamento era causa de apreensão entre os companheiros, e as advertências se sucediam, mas sem qualquer resultado.

Certo dia, Fortunato telefonou aflito ao amigo Cassiano. O filho estava hospitalizado com grave infecção. Pedia-lhe a presença.

Em pouco tempo, ambos já conversavam. O pai, preocupado, explicava a opinião do médico. A criança comera um doce estragado que provocou o distúrbio. Não corria perigo de vida, mas ficaria internado por alguns dias.

Num lampejo de inspiração, Cassiano percebeu que o momento era oportuno para tocar no assunto. E, entre outras coisas, falou com gravidade:

– É, Fortunato, o doce estragado quase leva a uma tragédia. É como o elogio, que é adocicado e saboroso, mas esconde em si um veneno terrível.

18

O LUSTRE

A reunião acontecia em ampla sala, toda preparada para o importante acontecimento.

Recanto agradável.

Móveis confortáveis.

Pintura repousante.

Tapetes macios.

Janelas amplas.

Contudo, o que dominava todo o ambiente, pendurado no teto, era grande lustre com linhas graciosas e cristais reluzentes. A luminosidade intensa, porém, perturbava os presentes, ferindo os olhos.

Resolveu-se, então, desligar o lustre e providenciar luz alternativa.

No canto da sala, acendeu-se humilde vela que ofertava branda claridade, permitindo que a reunião prosseguisse ainda por várias horas.

Quando, em virtude de conhecimentos e experiência, somos chamados a participar de qualquer grupo, fujamos às manifestações da vaidade, esclarecendo e iluminando sem ferir.

Na posição de humildade seremos muito mais úteis, agindo à maneira da vela, simples e recatada, do que igual ao lustre cintilante, que foi desligado.

19

A VERBA

João Bonifácio reclamava sempre. Para ele, nada estava certo. Era diretor da instituição. Bom companheiro. Participava ativamente das tarefas assistenciais.

Entretanto, sua presença significava, com toda a certeza, uma chuva de queixas. Apesar dos avisos insistentes, fracassaram inúmeras tentativas dos companheiros para que ele alterasse os hábitos.

Um dia, chegou à instituição um funcionário do governo. Trazia um papel para ser assinado com urgência. Bonifácio pegou o documento e, enquanto lia, resmungava baixinho. Depois, apontou vários erros. Reclamou do texto, da falta de acentos e vírgulas, do tamanho das letras.

O visitante, irritado com tal atitude, tomou-lhe o papel das mãos e foi embora.

Alguns dias depois, a notícia se espalhou. A assinatura do documento era simplesmente a concordância para que a entidade recebesse substancial ajuda.

Por causa das reclamações e da impertinência de João Bonifácio, a instituição perdeu a verba.

20

O VOTO

Querendo alcançar determinado objetivo, ele fez sacrificado voto.

Marcha longa.

Pés descalços.

Pouca roupa.

Sol na pele.

Pesada cruz.

Após muitos dias de percurso, cumpriu o voto. Terminada a cerimônia, dirigiu-se a bar próximo, comendo e bebendo à vontade.

Quando, porém, a criança faminta se aproximou e lhe pediu um pão, reagiu grosseiramente, expulsando-a aos gritos.

Nas devidas proporções, também nós agimos assim.

Fazemos inúmeras rogativas e promessas ao Senhor em busca de benefício próprio, mas não vivemos o Evangelho de Jesus no coração.

21

ARREPENDIMENTO

– Bem que gostaria de participar, mas o serviço não me permite.

– Queria ajudar, mas tenho viagem marcada.

– As ocupações são muitas, não posso prometer.

A coleção de frases pertencia a Jesuíno Campobelo. Bom companheiro. Pessoa agradável. Dizia estar sempre disposto às tarefas assistenciais, mas com frequência havia um impedimento.

Com o tempo foi se distanciando do grupo, apesar dos reiterados convites ao trabalho.

Quando, em certa ocasião, ficou muito doente, pediu a presença dos companheiros. Sentia saudades. Precisava do amparo deles. Falava em arrependimento. Recuperado, voltaria logo ao trabalho do grupo.

Por mais de um mês, os amigos lhe deram assistência diária. Na última visita, estava completamente restabelecido. E, antes que qualquer um tocasse no assunto, falou como nos velhos tempos:

– Amanhã é dia de atividades na instituição. Seria ótimo se eu pudesse comparecer, mas estarei muito ocupado.

Os companheiros trocaram olhares surpresos. Jesuíno continuava o mesmo.

22

O POSTE

A lâmpada do poste mais alto da praça havia se queimado. Era preciso substituí-la.

O plantão da central elétrica atendeu rapidamente o chamado com veículos, funcionários e escadas. O encarregado da troca da lâmpada galgou as alturas.

Pegou forte cinturão.

Prendeu-se ao poste.

Tinha as mãos livres.

Fazia jogo de corpo.

Mudava de posição.

Preso ao poste, tinha toda a liberdade para trabalhar com segurança e eficiência.

Meditando neste episódio, podemos concluir que, de nossa parte, quanto mais estivermos presos ao Evangelho de Jesus, mais livres seremos nos caminhos do mundo.

23

NA MESMA MOEDA

Jerônimo Barbosa era extremamente trabalhador. Ativo, incansável e também mestre na contenda. Onde estivesse, o serviço saía, mas provocava inúmeros conflitos.

Não tolerava falhas. Dotado de exagerada exigência, discutia amiúde com subalternos e colegas. Dizia, sorrindo:

– Sou duro e esperto. Ninguém me passa para trás. Engano não merece justificativa. Deve ser punido. Errou, tem que pagar.

Os amigos dialogavam com ele, procurando abrandar-lhe o temperamento. Contudo, todas as tentativas resultaram inúteis.

Num fim de semana, Jerônimo levou a família a passeio em localidade próxima. Foi flagrado em excesso de velocidade.

Quis discutir. Explicações. Argumentos. Evasivas. O guarda, porém, cortou-lhe a conversa de imediato e falou com firmeza:

– Meu senhor, estou há muitos anos na profissão. Sou duro e esperto. Ninguém me passa para trás.

E, sem mais nada a dizer, lavrou a multa.

Jerônimo pagou o erro na mesma moeda.

24

ALEGRIA

Na lanchonete, repleta de clientes, o garçom se desdobrava no atendimento.

Explicava o cardápio.

Anotava pedidos.

Atendia chamados.

Ouvia reclamações.

Repetia o serviço.

Corrigia enganos.

Apresentava contas.

Servia com eficiência e contentamento, acolhendo a todos com gentileza e simpatia, de tal forma que mesmo os fregueses mais intransigentes acabavam por render-se a seu sorriso.

Em toda e qualquer circunstância da vida, o discípulo de Jesus é o servidor do próximo. Então, que realize sua tarefa com alegria.

25

A DESILUSÃO

Desde que se ligara à religião, Dirceu Batista mudou de vida. Só saía de casa para o trabalho e as atividades religiosas. Fugia aos atos comuns do cotidiano.

A família, numerosa, requisitava-lhe inúmeras iniciativas. Dirceu se recusava a todas, a não ser as que diziam respeito à sobrevivência.

Os amigos percebiam o comportamento artificial. Dialogaram. Empenharam-se em convencê-lo a viver normalmente, mas ele dizia, sério:

– Vivo assim, porque sou bem-aventurado.

Santana, o companheiro de sempre, argumentava:

– Isso não é bem-aventurança, é indiferença. Podemos ser nós mesmos, cumprindo as lições do Evangelho. É preciso mudar. Sua família está prejudicada.

Dirceu, porém, não mexeu uma palha. Por longos anos, viveu assim, sem qualquer alteração.

Ao adoecer com grande sofrimento, ficou revoltado. Achava que não merecia tal destino, após tanto tempo entregue a Deus e quase recluso.

Quando os amigos foram visitá-lo, queixou-se amargamente. Estava desiludido. Descrente.

Santana aproveitou a ocasião e falou com firmeza:

– Dirceu, você atravessou a existência, iludido. Imaginou-se bem-aventurado, quando na verdade se afastava dos compromissos com a vida. Agora, que a bem-aventurança realmente chegou, você não quer aceitá-la.

O doente, indignado, fulminou o amigo com uma careta e cortou a conversa.

26

Penoso caminho

Quando a doença apareceu, ele foi para o hospital. Pediu, então, ao médico que o livrasse do incômodo e, após as providências iniciais, submeteu-se a longa e minuciosa pesquisa.

Vários especialistas.

Diversas entrevistas.

Numerosos exames.

Manobras dolorosas.

Desconforto enorme.

Por fim, para a eliminação do mal, decidiu-se pela cirurgia. Após muitos dissabores e padecimentos, ele recuperou a saúde.

Quando rogamos à Providência Divina que nos alivie o sofrimento na vida, acontece o mesmo.

Deus atende nossas súplicas, mas não compreendemos que a cura de nossos males íntimos só ocorre depois de um longo e penoso caminho.

27

SEXO

— Quem se preza, não pensa em sexo. Ele é a porta para a perdição.

Assim falava Joel Mendes. Era moço ainda. Educação rígida. Puritano.

O amigo Carlos, porém, respondia:

– Nada disso! Sexo também é criação divina. É patrimônio sagrado, de que se deve zelar. Não fosse por ele não estaríamos aqui, discutindo os objetivos nobres da vida.

Conversavam, aproveitando a tarde de domingo, na praça. Muita gente passeando. Crianças no parque. Automóveis circulando nas avenidas em volta.

De repente, um motorista começou a praticar excessos. Arrancadas violentas. Aceleração intensa. Freadas bruscas. Manobras perigosas.

Ambos observavam a cena, e Carlos, retomando o assunto, dirigiu-se ao amigo, com ênfase:

–Você censura o sexo, da mesma forma que, agora, nós dois censuramos aquele motorista. Ninguém nega que o automóvel é utilíssimo em nossas vidas. Entretanto, nesse momento, aquele carro é um perigo para todos nós. O mesmo ocorre com o sexo. Bem dirigido, é alavanca de progresso espiritual. Mal conduzido, através de abusos e desregramentos, é instrumento perigoso de queda.

Joel ouviu, calado, a ponderação do companheiro. Mas, daí por diante, toda vez que ia falar sobre sexo, lembrava-se daquela tarde de domingo.

28

DISTRAÇÃO

O jovem chegou ao ponto de ônibus para tomar sua condução, mas, ao invés de permanecer ali, resolveu passear.

Entrou em bar próximo.

Foi à banca de revistas.

Esteve com um camelô.

Olhou vitrinas de lojas.

Conversou com pessoas.

E, ao retornar ao local de origem, assentou-se num banco e tirou um cochilo.

Quando despertou e procurou se informar, descobriu que havia perdido vários ônibus ao seu destino.

Quando desejamos tomar a condução para Deus e chegamos

ao ponto do Evangelho, as coisas acontecem mais ou menos assim.

Embora conscientes das responsabilidades, ficamos distraídos na vida e frequentemente não percebemos os convites divinos ao caminho da redenção.

29

O INTELECTUAL

Josué Caligari era profundo conhecedor do Evangelho. Expositor lúcido. Argumentação brilhante.

Quando assumia a palavra nas reuniões de estudo, o silêncio era absoluto. Todos queriam ouvir e admirar o verbo fluente do companheiro.

Certa noite, ao final de uma dessas reuniões, aproximou-se dele um dos assistentes, buscando maiores esclarecimentos. Propôs suas dúvidas. Josué esclareceu todas com grande facilidade.

O jovem interessado havia descoberto no conferencista uma fonte inesgotável de informações. Prosseguiu nas perguntas. Saciava sua fome de conhecimentos e a de muitos outros, pois se fizera quase uma multidão em volta dos dois.

Aos poucos, no entanto, Josué foi mostrando sinais de impaciência. Tamborilava os dedos na mesa. Inquietava-se na cadeira. Até que, não suportando mais o questionamento, dirigiu-se ao rapaz com rudeza:

– Você é um ignorante perturbador. Ao invés de buscar conhecimentos nas leituras, fica incomodando os outros. É muito comodismo querer respostas prontas.

A surpresa foi geral, pois a crise de intolerância do aplaudido intelectual acontecera no exato momento em que seria convidado a discorrer sobre a essência da caridade.

30

O MARIDO

Quando a mulher passou mal, o marido procurou o atendimento médico. Pediu providências urgentes e de imediato começaram os cuidados.

Foi logo consultada.

Submeteu-se a exames.

Aguardou resultados.

Repetiu alguns testes.

Recebeu assistência.

Algum tempo depois, a mulher sorria, aliviada. Sentia-se bem. Entretanto, quando o marido teve a informação de que ela deveria completar o tratamento nos próximos dias, ficou irritado.

E, sem qualquer consideração, retirou a esposa do consultório, indo embora.

É sempre assim. Quando as dificuldades nos apertam, rogamos o amparo de Jesus e somos cumulados de bênçãos.

Contudo, chamados ao testemunho e ao trabalho, fugimos do compromisso.

31

O FUNDADOR

Gildo Pereira tinha uma personalidade interessante. Amava fundar entidades assistenciais. Participava das reuniões. Angariava recursos. Entretanto, quando a instituição começava a funcionar, ausentava-se definitivamente. E comentava:

– Gosto mesmo é de construir. Manutenção não é comigo.

A esposa procurava alertá-lo. Dizia amorosamente:

– Toda obra de assistência é trabalho com Jesus. Tem momentos de alegria e realizações, mas também passa por horas angustiantes de preocupações e problemas. Como o Mestre Divino em sua missão sublime.

Contudo, palavras e argumentos não mudavam as coisas.

Certa vez, quando se ultimava a construção de uma entidade, da qual Gildo participara ativamente, os companheiros tentaram convencê-lo a ficar e ajudar a mantê-la. A conversa se prolongou por várias horas, até que Décio perdeu a paciência e, dirigindo-se ao fundador, falou, quase em desespero:

– Você é uma ficção. Não existe.

Dadas as circunstâncias do momento, os companheiros ficaram surpresos e preocupados. Décio, porém, continuou, ainda mais exaltado:

– Você vive fundando instituições e não prossegue o trabalho. Então, não existe. Só nasceu.

Quando o amigo acabou de falar, explodiram as gargalhadas.

Gildo ficou sem graça e, pela primeira vez, permaneceu numa entidade de assistência para cooperar na manutenção.

32

DESISTÊNCIA

O homem resolveu abrir uma loja.

Planejou o negócio.

Reuniu recursos.

Construiu o prédio.

Adquiriu prateleiras.

Comprou mercadorias.

Com o tempo, fez enorme clientela. Como em toda atividade, porém, enfrentou problemas com funcionários, exigências da freguesia, concorrência.

Desanimado, sentiu-se incompetente e, ao contrário de contratar ajudantes para auxiliá-lo na administração, desfez o negócio, vendendo a loja.

Algumas vezes, coisas parecidas acontecem na seara do bem.

Instituições fundam obras assistenciais e enfrentam inúmeras dificuldades.

Contudo, ao invés de perseverar na luta e no sacrifício, reunindo companheiros para ajudá-las na sustentação do trabalho, preferem o caminho mais cômodo e desistem do compromisso.

33

ANTES DE TUDO

– "Pedi e dar-se-vos-á, buscai e achareis, batei e abrir-se-vos-á."

Com estas palavras de Jesus no Evangelho, Darci Correia arrematou sua palestra, com ênfase.

Discorrera sobre a ajuda divina, o discernimento e a necessidade do esforço próprio na resolução dos graves problemas do espírito. Conferência brilhante. Argumentação sólida. Conclusões lógicas.

Ao final da reunião, todos se dispuseram à saudável troca de ideias sobre o tema. Darci era alvo de inúmeras perguntas. Falava com fluência. Respondia com precisão.

A certa altura da conversa, um dos presentes comentou com tristeza e uma ponta de revolta:

– Comigo não acontece assim. Peço, e não obtenho; busco, e não acho; bato, e a porta não se abre. Minha vida é um suplício.

Naturalmente, o comentário provocou mal-estar. Darci,

porém, tomou a palavra e começou a dizer com calma:

– Há poucos dias, tive interessante experiência. No domingo, pela manhã, meu filho de oito anos me pediu para deixar a escola, porque não gosta de estudar. Recusei-lhe o pedido. Mais tarde, insistiu em procurar a ponta de um arco-íris. Eu o impedi, pois isto é impossível. À noite, ao brincar com outras crianças, quis esconder-se dentro da geladeira, forçando-lhe a porta. Foi barrado. Diante disso, meu irmão, não seria um desastre para meu filho, atendê-lo em tudo o que desejasse? Antes de tudo, é preciso saber o que pedir, o que buscar e onde bater.

Após a observação lúcida do conferencista, a reunião acabou.

34

PORTA-VOZES

A comissão se reuniu e diagnosticou o grave problema da comunidade. Destacou, então, um de seus membros para informar a população. O porta-voz fez diversas reuniões, onde suportou desaforos e impertinências.

Exercitou a paciência.

Usou de tolerância.

Esclareceu o assunto.

Explicou com detalhes.

Respondeu a perguntas.

Recomendou calma.

Estimulou a cooperação.

Pelo comportamento eficiente, sincero e idôneo, o membro da comissão conseguiu encaminhar todas as soluções cabíveis sem provocar pânico ou revolta.

Em pouco tempo, o problema estava resolvido.

Com respeito às verdades eternas, a situação é a mesma. A Providência Divina conhece nossas dificuldades e tem o interesse de resolvê-las através de seus Emissários.

Contudo, é bom saber que os autênticos porta-vozes de Deus são aqueles que, em toda a sua vida, exemplificam o amor e a caridade, o trabalho sincero e a idoneidade a toda prova.

35

A BATERIA

Dirceu Costa era extremamente inseguro. Não confiava em si mesmo. Qualquer problema lhe custava enorme sacrifício.

A esposa lhe dizia:

– É falta de fé. Entregue-se à Vontade Divina e passará a ter confiança em si próprio.

Dirceu, entretanto, alimentava a esperança de curar-se com remédios. Consultava com frequência os médicos. Nenhum tratamento dava resultado.

Certa ocasião, quando viajava à noite, complicou-se com o automóvel. As luzes sumiram. O motor não dava partida. Teve o socorro de um caminhoneiro, que o arrastou até um posto de estrada.

– É a bateria, diagnosticou o profissional, sorrindo.

Era um senhor de modos expansivos. Alegre. Falante. E como se estivesse intuído a dizer o que era preciso, continuou:

– A bateria significa muito para o carro. Quando não funciona, não dá luz, nem segurança. É como a fé em nossas vidas. Sem ela, tudo é mais difícil e o desastre é iminente.

E, enquanto o mecânico cantarolava, providenciando o conserto, Dirceu se pôs a meditar na inesperada lição.

36

AMPARO

No momento que o homem foi atropelado, inúmeras pessoas acorreram ao local e chamaram imediatamente o socorro. Quando a ambulância chegou, o médico agiu com presteza.

Hemorragia estancada.

Imobilização correta.

Transfusão de sangue.

Respiração controlada.

Medicação de urgência.

Remoção ao hospital.

O socorro rápido e eficiente lhe salvou a vida. Algum tempo depois, o homem estava recuperado, trabalhando e cuidando da família.

Se isso acontece no mundo, onde inferioridades e imperfeições ainda são gritantes, por que duvidar da Misericórdia Divina?

Deus é o Amor Infinito e a Perfeição Absoluta e ninguém está desamparado em seu caminho.

37

FUSÍVEL DE SEGURANÇA

— Não contem comigo. Estou fora. Gosto de ajudar, mas não sou saco de pancadas.

– Calma. As coisas não se resolvem assim. Somos companheiros, e na seara do Evangelho não há facilidades.

O diálogo se desenrolava entre Jeremias Medeiros e alguns amigos, que o visitavam naquela noite.

O motivo do encontro era o incidente, ocorrido na véspera, na entidade assistencial. Jeremias fora gravemente ofendido por um cooperador exaltado. Palavras amargas. Verbo ríspido. Acusações gratuitas. Desde então, decidira abandonar o trabalho.

Os amigos procuravam demovê-lo da decisão. A conversa prosseguia noite adentro quando ouviram um estrondo e a luz acabou. Souberam, então, do curto-circuito na rede elétrica da rua. O fusível no poste em frente da casa havia se queimado, interrompendo a energia e impedindo o perigo.

Samuel, um dos companheiros, aproveitou o episódio e, encerrando a reunião, falou com firmeza:

– O discípulo de Jesus é um fusível de segurança. Nas ocasiões de discórdia e desentendimento, ele evita o desastre com o próprio sacrifício para que a vida continue normal.

No dia seguinte, Jeremias estava na instituição.

38

NA SEARA DO BEM

O dono da terra comandava inúmeros trabalhadores, mas não se limitava simplesmente a orientar os companheiros. Ele próprio trabalhava intensamente.

Dava ordens.

Marcava o serviço.

Dirimia dúvidas.

Pegava na enxada.

Dirigia o trator.

Regulava o arado.

Pelo exemplo e dedicação, sua presença significava segurança aos empregados e sua palavra era acatada com respeito e consideração.

Na seara do bem, é preciso que aconteça a mesma coisa.

Inúmeros irmãos possuem tarefas de explicar, interpretar e ensinar o Evangelho de Jesus, mas, sem o exemplo, a palavra será vã.

39

COMPLACÊNCIA

— Comigo é assim. Bateu, levou. Não se pode ter complacência.

Chico Santana acabava de dar sua opinião. Era homem correto e trabalhador, porém, muito rígido. Duro. Implacável.

— O mal não se resolve com o mal. Para combater o pecado não se deve eliminar o pecador, e, sim, recuperá-lo. O reino de Deus nasce da fraternidade legítima.

Quem respondia era Paulo. Colega de trabalho. Espírita convicto. Defensor do esforço no bem.

Ambos voltavam para casa no automóvel de Chico. Rua movimentada. De repente, o motorista percebeu o carro sem freios. Atrapalhou-se. Arranjou-se como pôde e acabou batendo num poste. O estrago foi grande.

Depois de todas as providências para o conserto do veículo, Paulo retomou o assunto e falou, sorrindo:

– Acompanhei todo o seu empenho na recuperação do automóvel. Procurou boa oficina. Conversou com o gerente e o profissional. Pediu-lhes atenção e cuidado no serviço. Não acha você que Deus faz o mesmo por seus filhos e, para isso, conta com o nosso apoio e compreensão?

Chico fez que não ouviu. Continuou andando. Mas, calado, meditava no assunto.

40

NA ESCOLA

No pátio da escola, o aluno começou a discursar.

Atacou diretores.

Criticou o ensino.

Desancou auxiliares.

Ironizou professores.

Desmereceu secretários.

O movimento instigava os colegas a se rebelarem, enumerava supostas irregularidades e tinha como objetivo anular as provas de fim de ano, colocando-as sob suspeita.

Somente após algum tempo de comício é que se soube que a revolta do aluno era devido a sua reprovação nos exames finais, por excesso de faltas e absoluta insuficiência de conhecimentos.

Na vida, como na escola, as situações se repetem.

É fácil observar que aqueles que atacam instituições do bem comum com frequência, cobrando e reclamando de tudo e de todos, geralmente são os mesmos que não cumprem nem as próprias obrigações.

41

É SEMPRE O MESMO

– Nascer de novo ? Nada disso. O bom vai para o céu e o mau que se vire no inferno.

Abelardo Pereira arrematava a frase com ênfase. Recusava terminantemente a ideia de reencarnação. Alzira ouvia calada a argumentação do noivo. Espírita, procurava transmitir-lhe ideias a respeito das vidas sucessivas.

Conversavam enquanto o ourives polia as alianças de noivado a serem experimentadas. A de Abelardo caiu como uma luva. A de Alzira, porém, ficou excessivamente grande. Teria de ser refeita.

Ao ganharem, outra vez, a rua, a noiva reatou a conversa e falou com alegria:

– Sua aliança está ótima. Não precisa de reparos. A minha, no entanto, terá de sofrer o calor do fogo, ser derretida e novamente confeccionada. Será outra aliança, mas o ouro é o mesmo. É assim que funciona a lei da reencarnação. Aqueles que já atingiram o estágio da perfeição alcançam eternamente a vida de luz. Contudo, nós outros, que ainda trazemos imperfeições e problemas, temos de ser refundidos inúmeras vezes em vários corpos, até que os defeitos íntimos sejam eliminados. E o Espírito é sempre o mesmo.

Abelardo olhou espantado para a noiva e, abandonando a postura radical, começou a fazer perguntas.

42

SOLIDARIEDADE

Em plena rua movimentada, o automóvel apresentou defeito e parou. Inúmeras pessoas apenas observavam a confusão do trânsito, sem qualquer iniciativa. Até que apareceu alguém para ajudar.

Veio disposto.

Estava alegre.

Não criticou.

Tentou a partida.

Mexeu no motor.

Examinou contatos.

Logo, o carro estava consertado. Ao receber os agradecimentos do motorista, o providencial amigo afirmou que ele próprio era muito grato pela oportunidade de cooperar.

Na vida cristã, a solidariedade funciona assim. Chega sorrindo, não censura, ajuda com eficiência e se despede, agradecendo a ocasião de servir.

43

Em todo lugar

No galpão da assistência, nos fundos da instituição, Jordelino Lucena se desdobrava em gentilezas.

Companheiro de tarefas e trabalhador incansável, ajudava a servir o lanche aos necessitados. Conversava alegremente. Distribuía carinhos. Abraçava cada um dos presentes com sorriso aberto.

Logo, inúmeras pessoas formaram compacto círculo à sua volta. Jordelino atendia a todos com benevolência. Contava casos. Ouvia problemas. Dava conselhos. Espalhava conforto.

A certa altura, disse a um pai angustiado:

– Meu irmão, não se desespere. A Bondade Divina há de restituir-lhe o filho distante. Ele voltará, com a graça de Deus. Ore e confie. Tenha paciência.

E, assim, por várias horas, ofertou a palavra de paz, consolo e esperança a quantos lhe buscavam a presença.

Terminado o serviço e já em casa, encontrou a esposa muito

aflita. A filhinha de quatro anos havia desaparecido. Procurara por toda parte.

Jordelino empalideceu. Deu nova busca, sem resultados. Tomado de irritação, começou a falar com rispidez. Fez pesadas acusações à companheira. Deu murros na mesa. Quando gritava mais alto, parou de repente com um choro de criança. Rumou para o quarto do casal e encontrou a menina dentro do guarda-roupa, assustada com a gritaria.

O reencontro com a filha lhe esfriou os ânimos. A esposa havia se deitado, ressentida.

Jordelino estava consciente de seu descontrole. Lembrou-se da tarde maravilhosa nas tarefas de assistência e tomou nas mãos o Novo Testamento, abrindo-o ao acaso. Seus olhos pousaram nas seguintes frases do apóstolo Paulo, no versículo quarto, do capítulo sexto da segunda Epístola aos Coríntios: "Tornando-nos recomendáveis em tudo: na muita paciência, nas aflições, nas necessidades, nas angústias."

Jordelino leu e releu. Fechou o livro e começou a chorar.

44

AMIZADE

Quando os fazendeiros souberam que a caminhonete do vizinho atolara na lama da estrada, movimentaram-se logo. Trocaram informações e planejaram o socorro.

Reuniram os peões.

Acionaram tratores.

Acertaram a estrada.

Arrastaram o veículo.

Providenciaram água.

Levaram alimentos

Chegando ao local, agiram com presteza, cuidando do motorista e seus familiares.

Após as palavras e abraços de agradecimentos, o vizinho seguiu viagem. Os amigos haviam chegado em boa hora e o livraram de grande aflição.

Na estrada áspera da redenção, as dificuldades são inúmeras.

Entretanto, apesar de todos os contratempos, do sofrimento e dos desajustes, não tenhamos dúvida de que a amizade sincera, na pessoa de quem quer que seja, é o maior tesouro que possuímos.

45

AMAR INIMIGO

– Amar inimigo?! Isso é absurdo! Impossível! Não consigo.

Malaquias Moreira desabafava as mágoas diante de um bule de café que sorvia aos copos. Era-lhe veneno. Fazia-lhe mal. Não podia tomar, embora gostasse muito.

Alguns dias antes, sentira-se ofendido por um colega de trabalho. Tinha-o, agora, na conta de adversário. Queria desforra.

Bolivar, o amigo que o acompanhava, dizia-lhe:

– Pondere bem. Esta é a oportunidade de viver o Evangelho. Amar o inimigo é não odiá-lo e não fechar as portas à reconciliação.

O diálogo continuava sem muitos resultados quando Malaquias sentiu forte dor no estômago. O café lhe atacara a gastrite. Começou a gemer.

Bolivar, mantendo o bom humor, aproveitou a ocasião para prosseguir o assunto:

– Deixe de manha. Você consegue muito bem amar um desafeto. Gosta do café, que lhe é prejudicial e inimigo de seu bem estar. Por que não agir da mesma forma com nosso companheiro?

Malaquias se levantou da mesa, entre caretas de dor e desagrado, mas parou de discutir com o amigo.

46

REVOLTA

Quando o jovem partiu para a cidade grande, em busca de trabalho e progresso, houve muita tristeza nas despedidas.

Abraços demorados.

Lágrimas abundantes.

Orientações carinhosas.

Insistência nas notícias.

Conselhos amoráveis.

Promessas de retorno.

Após a chegada, a oportunidade surgiu logo com emprego bem remunerado, embora o trabalho intensivo, as viagens de serviço, os cursos e congressos. Tamanho foi o envolvimento do jovem com a nova vida que ele não pôde retornar à cidade natal, como prometera.

Os parentes estavam sempre bem informados a respeito

dele, mas a família, revoltada com a falta de notícias diretas, passou a desprezá-lo daí por diante.

Isto acontece nos círculos das verdades espirituais.

Muita gente, incapaz de compreender a complexidade da vida, passa a menosprezar o Espiritismo e a mediunidade, porque não recebeu a mensagem desejada do familiar que partiu para a dimensão maior.

47

ESMOLA OPORTUNA

— Aceitar a injustiça, calado? Aguentar o prejuízo moral? Não posso.

Eustáquio Sentinela colocava fora sua revolta. A ofensa lhe era demais. Queria reagir. Brigar. Bater.

O amigo Walter ponderava:

– Calma. O mal ainda predomina no mundo, e o adepto do bem vive com o perdão e a caridade.

Eustáquio, porém, não se conformava:

– Como suportar? Estou sendo pisado e fico quieto?

Walter, no entanto, mantinha a serenidade:

– A hora de falar com proveito chegará. Agora é o momento de entender e pacificar.

Neste ínterim, parou diante deles um mendigo. Homem de idade. Maltrapilho. Barba por fazer. Pedia ajuda.

Ambos lhe atenderam a rogativa. O velho agradeceu e começou a andar. Entretanto, mal havia dado alguns passos, voltou-se para Eustáquio e falou com humildade:

– Meu filho, a vida me maltrata, mas eu sempre aprendo. Aceito as pedradas com resignação, porque elas me ensinam a viver.

Dito isto, foi embora.

Eustáquio olhou espantado para o amigo que, sorridente, comentou:

– Acabamos de receber uma esmola.

48

SEPARAÇÃO ÚTIL

Diagnosticada a doença infecciosa, o paciente foi logo removido para o isolamento. Os familiares, porém, reagiram.

Recusaram a separação.

Discutiram com o médico.

Ofenderam enfermeiros.

Provocaram conflito.

Recorreram ao diretor.

Entretanto, a contestação foi inútil. O doente permaneceu isolado o tempo necessário à eliminação do risco de contágio.

A separação, embora desagradável, evitou que os familiares contraíssem a doença e se propagasse a epidemia desastrosa.

Esta situação nos permite raciocinar com clareza.

Toda separação, qualquer que seja ela, é sempre dolorosa. Contudo, traz consequências que acabam beneficiando a todos.

49

O PAPAGAIO

Romário Santana vencera na vida. Trabalhara muito. Adquirira bens. Fizera grande círculo de amizades.

Era extremamente generoso com os necessitados e amante da Natureza. Tinha especial predileção pelos pássaros.

Entretanto, não perdera o hábito de se irritar facilmente. Na intimidade, disparava palavrões por qualquer bagatela.

Naquela tarde recebia, em casa, os companheiros que lhe vinham agradecer a enorme doação de agasalhos à entidade assistencial. Romário conversava satisfeito. Dizia ele, sorridente:

– Creio que me entreguei a Jesus. Hoje, só vivo para a caridade.

Após o cafezinho, foi mostrar aos amigos o viveiro de pássaros. Quando chegaram diante do papagaio, aconteceu o inevitável. Excitada pelo vozerio, a ave se pôs a repetir os palavrões que se acostumara a ouvir do dono.

Situação constrangedora. Perplexidade. Sorrisos amarelos.

Sentindo-se denunciado, assim de improviso, Romário enrubesceu e, tomado de irritação, começou a gritar:

– Papagaio sem vergonha...

E, para surpresa dos visitantes, falou todos os palavrões que a ave pronunciara.

50

MUDANÇA DE VIDA

A visita ao lugar da enchente mostrou situação desesperadora.

Zona ribeirinha.

Rio transbordante.

Ruas alagadas.

Barracos inundados.

Casas destruídas.

Famílias desabrigadas.

As autoridades do governo, então, apresentaram a solução definitiva. Sugeriram outro bairro, moradias seguras, transferência imediata.

Os moradores, porém, recusaram a proposta, apegados a suas ruínas, preferindo continuar na mesma região.

É mais ou menos isso que acontece conosco.

Jesus nos conclama sempre à mudança de vida, através do Evangelho. Entretanto, nós teimamos permanecer na sombra e na aflição.

51

O CÉU

— Sou pobre, mas vou para o céu. Os ricos que sofram no inferno.

A raiva de Joaquim Feliciano não tinha limites. Experimentando necessidades materiais, aninhara a revolta no coração. Tornara-se amargo. Vingativo.

Desocupado, passava as horas espichado na rede, sonhando com o paraíso, além da morte. A esposa defendia o pão da casa. Costurava dia e noite. Preocupada, dizia a ele:

– Não fale assim. A maior riqueza é o trabalho, e os tesouros da alma não convivem com o ódio.

Entretanto, o marido não lhe dava atenção às palavras e, entre um cochilo e outro, praguejava contra a vida.

Certo dia, seu repouso foi interrompido por uma visita. Era um fazendeiro da região. Soubera de sua habilidade profissional. Precisava de seus serviços por longo tempo em fazenda distante. Providenciar-lhe ia condução. Passaria os fins de semana em casa. Seria bem pago.

Joaquim ficou tonto com a proposta. O dinheiro seria bem-vindo. Contudo, pensou no trabalho árduo. Irritou-se. E, para surpresa do visitante, respondeu, exaltado:

– Olha, sou pobre e vim ao mundo para sofrer. Só estou esperando o céu. O senhor que se vire com suas propriedades.

E, batendo com força a porta da casa, deitou-se de novo na rede.

52

O ESTUDANTE

O estudante se matriculou no curso intensivo e ficou vinculado à escola durante longo tempo. Mas, ao invés de dedicar-se aos estudos, viveu completamente alheio aos compromissos, entregando-se a outros interesses.

Festas.

Esportes.

Passeios.

Viagens.

Cinemas.

Teatros.

Quando a consciência lhe recordava o dever, extinguia os lampejos de responsabilidade com justificativas que acabavam em noitadas de divertimento.

Ao ser chamado para os exames finais, mostrou total desconhecimento dos assuntos tratados. Foi eliminado da escola tão ignorante quanto na época anterior ao curso.

Muitas vezes, agimos assim na experiência evolutiva.

Somos matriculados no corpo físico para laborioso aprendizado no tocante ao espírito. Contudo, tanto fugimos aos compromissos e responsabilidades assumidos que, um dia, somos desligados dele sem maior aproveitamento e tão necessitados quanto antes.

53

CONHECENDO JESUS

O professor Jonas Barreto era estudioso da religião. E do alto da cátedra sentenciava:

– Jesus Cristo é um fenômeno político. Homem avançado em seu tempo, desejava profundas mudanças sociais.

Anísio, o amigo espírita, retrucava:

– Jesus é o Mestre Divino, interessado no reino de Deus. Quer, sim, uma vida melhor para todos, mas a partir da transformação de nós mesmos no caminho do bem.

Jonas, entretanto, não conseguia enxergar o Cristo além da dimensão humana.

O tempo passou. Já afastado das atividades do magistério, o professor amargava a solidão da aposentadoria. Tinha de tudo e do melhor. Nada lhe faltava na vida material. Sentia, contudo, um vazio por dentro.

Confidenciava suas agruras ao amigo de muitos anos, quando Anísio o convidou a integrar o grupo doutrinário a que pertencia.

Passou, então, a frequentar as reuniões de estudo. Recebia o carinho dos companheiros. Participava da assistência aos necessitados.

Em pouco tempo, sua vida mudou. Tornou-se alegre e comunicativo. E, quando falou ao amigo a respeito de sua felicidade, Anísio comentou, bem-humorado:

– Você estudou Jesus a vida inteira, mas só agora veio a conhecê-lo.

54

O CONCURSO

Muito tempo antes da competição, o instrumentista se entregou com afinco aos estudos.

Dedicou-se por inteiro.

Renunciou ao lazer.

Aboliu festividades.

Afastou passeios.

Disciplinou a vida.

Tocou diariamente.

No dia do concurso, executou tão bem que foi aplaudido de pé. Ao receber o prêmio, era alvo da admiração de todos.

Raciocinemos.

Se os louros transitórios do mundo exigem tanto das pessoas, convenhamos que a vitória na Eternidade pede muito mais de nós.

55

RESPOSTA CRISTÃ

— Vamos trabalhar. Mãos à obra.

A voz de Bertoldo Batista estava em toda parte. Amigo bom e experiente, comandava os companheiros na assistência a inúmeros irmãos em penúria. Longa fila se formara à porta da instituição. Homens cabisbaixos. Mulheres aflitas. Crianças carentes.

O serviço transcorria normal quando Bertoldo divisou antigo desafeto entre os assistidos. Empregado seu, em outros tempos. Surpreendera-o desviando mercadorias do armazém e fora levado a despedi-lo. Desde então, sofreu-lhe intenso ódio. Ameaças descabidas.

Agora, ali estava na fila dos necessitados. O tarefeiro cristão venceu a resistência íntima e fez questão de atendê-lo pessoalmente. Entregou-lhe a sacola de víveres. Perguntou pela família. Desejou-lhe felicidades.

O homem, entretanto, manteve-se calado. Não lhe correspondeu à iniciativa amorosa. O benfeitor ficou triste. A alegria daquela manhã se turvou com o episódio.

Alguns dias depois, o antigo empregado voltou à instituição. Procurou Bertoldo e, recordando a situação desagradável entre ambos, há muitos anos, comentou com surpreendente humildade:

– Naquela época, o senhor estava certo e eu, errado. Sempre lhe guardei rancor, e o senhor, não. Como se explica isso?

Bertoldo lhe passou às mãos um exemplar de "O Evangelho Segundo o Espiritismo", de Allan Kardec, e, apontando o livro, falou, comovido:

– A resposta está aqui.

O amor vencera o ódio.

56

O BANQUETE

O jantar era verdadeiro sucesso. Cozinheiros de categoria, garçons eficientes e músicos habilidosos tudo faziam para que o banquete fosse inesquecível.

Ambiente agradável.

Decoração primorosa.

Mesas bem arranjadas.

Cardápio selecionado.

Organizadores atentos.

Convidados satisfeitos.

Ao final da festa, toda a equipe responsável pelo evento foi largamente elogiada pelos anfitriões, que lhe aprovaram o trabalho executado.

No banquete de luz, que é o encontro do Homem com o

Evangelho, não importa a posição que ocupemos no mundo.

O importante é vivermos de tal forma que todos os nossos atos estejam sempre de acordo com a vontade de Deus.

57

FALTA DE CONTROLE

João Loureiro era muito caridoso. Sensível. Coração mole. Diante da necessidade de alguém, desmanchava-se todo.

Entretanto, não tinha controle para ajudar o próximo. Muitas vezes, sacrificava a própria família

em virtude de seus excessos de generosidade.

Os companheiros se preocupavam com a situação e alertavam sempre:

– Cuidado. Como tudo na vida, a caridade também exige equilíbrio.

João, porém, respondia com sonoras gargalhadas e continuava incorrigível.

Certa vez, as crianças da assistência lhe pediram doce. João foi rápido a uma confeitaria. Voltou com os braços carregados. Bombons. Pudins. Caramelos. Quantidade enorme. Fez a alegria da criançada.

Contudo, no dia seguinte bem cedo, foi chamado às pressas ao Hospital Municipal. Quase todas as crianças da véspera estavam internadas em estado grave. Excesso de doces, explicou o médico. Queria informações a respeito.

João Loureiro ficou aborrecido, e não saiu dali até que as crianças melhorassem. Mas, valeu a lição, porque, daí por diante, aprendeu a fazer o bem de verdade.

58

MESMA LEI

Em plena atividade, o médico adoeceu. Foi atendido pelos colegas, levado aos exames e conduzido à cirurgia. Depois, passou por todos os constrangimentos comuns aos recém-operados.

Passou por dores e dieta.

Restringiu movimentos.

Sujeitou-se à disciplina.

Obedeceu às prescrições.

Ouviu recomendações.

Submeteu-se a controle.

Manteve total repouso.

Embora ocupando posição relevante no hospital, o médico foi tratado com a mesma medicina que aplicava a seus pacientes.

Reconheçamos que não há privilegiados na evolução.

Se existem irmãos destacados em compromissos e tarefas de natureza superior, isto não significa que estejam isentos de provações e dificuldades, pois a Lei é a mesma para todos.

59

PROVA DEFINITIVA

A morte prematura do irmão transformara João Eleutério. Sem convicção firme sobre a imortalidade da alma, o acontecimento o derrubara. Tornara-se triste. Desanimado.

Inúmeros livros lhe caíam nas mãos por iniciativa dos amigos. Falavam da continuidade da vida após o túmulo. Relatavam experiências pessoais de sobrevivência do Espírito.

– A morte não existe – comentavam os companheiros – É simples transformação.

João Eleutério, porém, afogava-se em dúvidas. Desejava acreditar, mas não conseguia. Precisava de uma prova.

Uma tarde, quando repousava na varanda de casa, um velho o chamou ao portão. Pedia auxílio. Um paletó.

Diante da recusa de Eleutério, o visitante se explicou:

– Estou aqui, porque alguém me mandou. Um rapaz, ali na esquina, disse que o senhor tem um paletó sobrando.

E descreveu, com detalhes, o moço que lhe dera a informação.

O dono da casa empalideceu. A descrição conferia rigorosamente com a do irmão morto. O paletó era dele. Tinha-lhe ficado como lembrança.

João Eleutério se emocionou e com lágrimas nos olhos entregou a roupa ao mendigo.

A prova definitiva da imortalidade da alma lhe chegara nas asas da caridade.

60

TAREFA DIFÍCIL

A construção da estrada era difícil, mas os operários trabalharam com afinco.

Enfrentaram mata densa.

Sofreram ataque de feras.

Toparam com brejos.

Superaram montanhas.

Venceram distâncias.

Resistiram a intempéries.

Muitos abandonaram o serviço, temerosos das hostilidades. Outros, porém, prosseguiram o trabalho, observando, depois, os enormes benefícios de toda a população.

A construção da estrada evangélica não é muito diferente.

Agressões, obstáculos e dificuldades de toda espécie assustam os operários do bem. Entretanto, os que persistem no compromisso colhem, no futuro, as alegrias do dever cumprido.

61

MAL-ENTENDIDO

Jeremias Santos era muito distraído. Temperamento sonhador. Cabeça nas nuvens. Quase nunca compreendia bem o que lhe era dito. Os mal-entendidos eram frequentes.

Os amigos aconselhavam:

– Jeremias, preste mais atenção.

Era inútil. O companheiro tinha o pensamento sempre longe.

Quando, numa tarde de sábado, ajudava na assistência aos necessitados, ouviu a informação de que alguém estava morto nos fundos do prédio. Ficou aflito e desorientado. Chamou policiais. Telefonou ao Pronto-Socorro. Acionou os bombeiros.

Logo, a instituição se transformou em centro de atenções e comentários com uma multidão em frente.

Entretanto, a confusão foi prontamente esclarecida. Um dos ajudantes caíra de mau jeito e sentia forte dor nas costas. Quase não conseguia ficar de pé. Foi conduzido ao hospital pela ambulância.

Jeremias entendera mal o recado. Haviam-lhe dito que alguém estava torto.

62

VERNIZ

A jovem se preparou intensamente para a vida social, frequentando aulas de etiqueta.

Aprendeu boas maneiras.

Modificou o andar.

Cuidou da postura.

Melhorou-se à mesa.

Cultivou gentilezas.

Aprimorou o vocabulário.

Contudo, na primeira reunião importante, teve muitos contratempos. E, contrariada, esqueceu-se das lições adquiridas. Perdeu a paciência, tornou-se grosseira, tomou atitudes inconvenientes.

Todo o verniz social se desmanchou em apenas alguns minutos.

Que situação semelhante não aconteça conosco na ascensão espiritual. Estudemos o Evangelho de Jesus, frequentemos escolas religiosas, trabalhemos na seara do bem.

Entretanto, diante das tribulações da vida, tenhamos a certeza de que somente a iluminação interior nos prepara realmente para o Reino de Deus.

63

A OPERAÇÃO

– Não, cirurgia não! É muito sofrimento.

– Mas, a operação é necessária. Vai lhe devolver a saúde.

– Não, não quero. É dor demais.

O diálogo acontecia entre Jonas Correia e sua esposa, após ouvirem o veredicto do médico. O ato cirúrgico era a única solução. O cliente recusava. Tinha medo de sofrer.

Caminhavam de volta para casa quando passaram diante de uma marcenaria. O barulho, que vinha lá de dentro, inundava a rua. Preparava-se a madeira.

Pararam. Ficaram apreciando o serviço. E tão absortos estavam que não repararam o marceneiro, aproximando-se.

O homem, abrindo largo sorriso, comentou, inspirado:

– A vida é assim mesmo. Sem dor não há progresso. Largada no tempo, a madeira apodrece. Sofrendo a angústia das máquinas, torna-se útil por muitos anos.

Marido e mulher se entreolharam, surpresos.

E, na semana seguinte, Jonas estava operado.

64

TUMOR

Quando menos esperava, o homem apresentou dor na perna e começou a mancar. Logo, surgiu a tumefação e a movimentação ficou difícil.

O médico tomou medidas urgentes. Fez os exames necessários e retirou material para pesquisa.

Diagnosticado o mal, procedeu à extirpação do tumor.

Cirurgia delicada.

Tratamento prolongado.

Exercícios de recuperação.

Algum tempo depois, o homem andava normalmente, livre da enfermidade.

O mal em nós é uma espécie de tumor na alma.

Reclama o diagnóstico preciso.

Demanda a cirurgia do esforço.

Requer o tratamento com o bem.

Exige a fisioterapia da boa vontade.

Só assim saímos das sombras da inferioridade para a luz da vida superior.

65

A CURA

Lourenço Dias adoeceu. Moléstia pertinaz. Desconforto. Repouso forçado.

Há muito vinha se excedendo na atividade. Construíra grandes empreendimentos. Fizera fortuna. O mundo dos negócios, porém, afastara-o do convívio mais frequente da esposa e filhos, gerando conflitos intermináveis.

Agora, a paralisia o reteve em casa. O carinho da família e a presença das amizades não lhe amenizavam as horas duras. Dizia, revoltado:

– Não aguento mais esta cama.

E o amigo Sinfrônio, espírita convicto, respondia calmamente:

– É tempo de meditação. A doença é oportunidade de renovação. Mudança de hábitos. Caminho novo.

E, após cada visita, o amigo lhe deixava um livro reconfortante e esclarecedor.

Lourenço começou a ler e meditar. Após muitos meses de luta íntima, era um homem diferente. Ainda se prendia ao leito, mas adquiriu equilíbrio. Estava resignado. Compreendia os objetivos superiores da vida.

Ao expor a nova realidade ao companheiro, Sinfrônio se levantou de alegria e falou, comovido:

– Glorifiquemos a Deus pela bendita transformação. Seu corpo está doente, mas sua alma está curada.

66

O VIGILANTE

Quando seus olhos pousaram sobre a figura que se movia na escuridão, pensou o pior.

Telefonou aos amigos.

Avisou a vizinhança.

Chamou autoridades.

Acordou a família.

Olhou portas e janelas.

Verificou as trancas.

Logo, a rua se transformou em cenário inquietante e, após a observação policial, constatou-se o perigo imaginário. O vulto sinistro, que se esgueirava na calada da noite, era apenas o vigilante do quarteirão que, tomado de mal-estar, procurava recursos em uma das casas.

Os olhos assustados do vizinho provocaram a confusão.

É fato constatado na vida.

Quase sempre enxergamos no próximo os motivos de nossas preocupações e, por isso, causamos tanto constrangimento e infelicidade aos outros.

67

Reação Desastrada

Gildo Santana fizera belíssimo comentário evangélico. Dirigira a reunião de estudos e tivera a palavra final na troca de ideias sobre fraternidade.

Era grande conhecedor do Novo Testamento. Citações abundantes. Conceitos primorosos.

Após o encerramento das atividades, o assunto continuou, palpitante.

Na calçada em frente ao prédio, Gildo foi cercado pelos companheiros. Sua voz era ouvida nitidamente, explicando:

– A fraternidade pura nasce do amor legítimo. Respeito e tolerância são fundamentais. Ninguém é fraterno se não cultiva no íntimo a caridade do Reino de Deus.

Nesse ponto da conversa ocorreu o acidente. Gildo levou uma bolada na cabeça. Foi alcançado pelo chute forte de uma das crianças que brincavam mais acima.

O conferencista ficou furioso. Rasgou a bola. Correu atrás dos meninos. Gritou impropérios.

Quando se deu conta da reação desastrada, dirigiu-se para o carro. Enquanto abria a porta, virou-se para os amigos surpresos e comentou, sem graça:

– Fraternidade tem limite.

E saiu em disparada.

68

INTERCÂMBIO

O avião estava encoberto pelas nuvens e só se ouvia o barulho do motor. O piloto procurava o campo de pouso.

Verificava mapas.

Seguia instrumentos.

Fazia vários cálculos.

Conservava a rota certa.

Embaixo, no aeroporto, havia o clima de ansiedade e a movimentação era intensa.

Sinais luminosos

Pista preparada.

Contato pelo rádio.

Estabelecida a comunicação, o piloto foi orientado nos mínimos detalhes. Executou as manobras e pousou o avião, sem problemas.

O intercâmbio entre a torre de controle e a aeronave permitiu o sucesso da operação.

Mergulhados no corpo físico, vivemos à semelhança do avião envolvido pelas nuvens.

Contudo, mantendo-nos na rota de Jesus e fazendo contato seguro com suas lições no Evangelho, as vozes da espiritualidade superior sempre nos ajudam a encontrar o campo do bem.

69

A RELIGIOSA

Jandira Conceição aparentava ser muito religiosa. Rezava bastante e se dedicava a longas leituras de livros sagrados. Costumava dizer com ar extasiado:

– Minha alma está com Deus. Recebo o bem do Céu com a alegria e a inocência de uma criança.

As amigas ouviam a declaração, em silêncio. A fervorosa companheira era muito conhecida por sua língua ferina. Críticas gratuitas. Ironias. Comentários maldosos.

Certa ocasião, durante as preces, orava contritamente quando alguém começou a tossir por perto. Crises repetidas. Tosse seca. Nesse momento, interrompeu a oração e segredou à vizinha:

– É doença de peito. Eu conheço. É um absurdo estar aqui entre nós.

Feita a observação, trocou de lugar. A notícia se espalhou e, um a um, todos procuraram outros assentos, deixando desagradável clareira em volta do homem que tossia.

Após o serviço religioso, Jandira ainda comentava o episódio quando ouviu a voz rouca do desconhecido, que se aproximava:

– Não fiquem assustadas, minhas senhoras. Estou com laringite e mal posso segurar a tosse. Mas, não há perigo.

O grupo de mulheres ficou constrangido. Contudo, a religiosa pulou para outro assunto e continuou a futricar.

70

Lição e exemplo

Na escola, a professora alfabetizava com perseverança. Perante a dificuldade de muitos, redobrava atenção e carinho.

Escrevia palavras.

Repetia a lição.

Dosava a energia.

Agia com respeito.

Transmitia amor.

Cultivava paciência.

Motivava os alunos.

Incentivava o estudo.

Não fazia críticas, nem censuras. Aceitava as limitações de cada um, ensinando sem exigências descabidas.

A escola abençoada do Evangelho há de ser a mesma coisa. Quem ensina as lições de Jesus, leciona o bem sem perder de vista o próprio exemplo.

71

Perfeição

Jandiro Menezes era impertinente. Crítico implacável, via defeito em tudo e se achava modelo de perfeição.

Os companheiros de tarefas lhe diziam:

– Não é assim. Todos ainda carregamos mazelas que somente o esforço, em vidas sucessivas, há de eliminar. Cultivemos autocrítica, compreensão e tolerância.

Jandiro, no entanto, era sempre o mesmo. E com esse temperamento chegou à presidência do grupo assistencial.

A partir daí, começou a interferir em todas as atividades. Dava palpites. Desprezava as opiniões alheias. Exigia respeito a suas ideias. Costumava arrematar suas conversas com arrogância, exigindo:

– Não discutam minhas ordens. Sei o que estou falando.

Aos poucos, os voluntários foram abandonando o trabalho. A instituição se viu em dificuldades. Convocou-se, então, uma assembleia geral, quando Ananias, companheiro humilde, levantou-se e falou com objetividade:

– Jandiro, você se considera sempre certo. Não precisa de nós. Sabe tudo. Imagina-se perfeito. A entidade, porém, vai mal. Sugiro, pois, para o bem de nossos assistidos, que tenhamos um presidente imperfeito.

A reunião terminou com o problema resolvido.

72

CADA UM

Sob a regência do maestro, a orquestra tocava divinamente. Além do piano, oboés, tambores e pratos, os outros instrumentos enriqueciam o conjunto de sons.

Violinos.

Flautas.

Trombones.

Trompetes.

Violoncelos.

Clarinetes.

Saxofones.

Cada som característico contribuía para a execução harmônica. E o resultado era a música maravilhosa, que enlevava a todos.

Imitemos a orquestra nos caminhos da vida. Sob a proteção e a misericórdia de Deus, cada um execute sua parcela de responsabilidade, trabalho útil, amor e caridade.

E o resultado será a sinfonia do bem.

73

A VOZ

Julieta Arsini falava alto. Uma simples prosa se assemelhava mais a gritaria.

Simples e boa, era trabalhadora assídua na instituição assistencial. Sua maneira de conversar, porém, preocupava as amigas. E Adelaide aconselhava sempre com a liberdade que os longos anos de convivência lhe permitiam:

– Mude seu jeito de falar. Gritar, assim, é inconveniente. Eduque-se, senão ainda vai se envergonhar.

Ela respondia com irritação:

– Você me aborrece. Nasci assim, vou morrer assim. Os incomodados que se afastem.

Por isso, sua presença em prestigiada palestra de estudos lhe causou sério embaraço. Durante a conferência, lembrou-se de compromisso não atendido. Tinha de ir para casa. E, já se levantando, tentou sussurrar à amiga, mas sua voz a denunciou:

– Preciso sair. Volto para o encerramento.

A primeira fala atraiu todos os olhares para ela. Contudo, o vexame mesmo ocorreu logo em seguida, quando arrematou:

– Meu marido está precisando de cueca. Vou providenciar.

Foi o caos. Gargalhadas. Comentários. Protestos. O conferencista estupefato. O pior já havia acontecido, mas Julieta ainda comentou, imaginando falar baixo:

– Bem que a Adelaide me avisou.

74

Sem exagero

O bancário trabalhava com enormes somas.

Responsável pelo cofre.

Distribuía o dinheiro.

Alimentava os caixas.

Recebia contas vultosas.

Recolhia taxas e impostos.

Guardava altos valores.

Transportava fortunas.

Durante todo o tempo, manejava imenso tesouro. Contudo, ao final do expediente, com apenas algumas moedas, fez generosa refeição.

Evitemos os exageros.

Ninguém precisa ser dono do mundo para viver com alegria.

75

MENTE ENFERMA

Dirceu Santamaría interpretava mal todo mundo. Um gesto. Uma palavra. Uma atitude. Isso era suficiente para que ele tirasse as próprias conclusões.

Laurindo, velho companheiro, dizia-lhe:

– É pensamento seu. Você enxerga nos outros o que lhe está na cabeça. Trate de modificar-se. Coloque amor e caridade dentro de si e verá o bem de cada um.

Dirceu, no entanto, continuava a agir da mesma forma.

No dia que encontrou Maricota, viúva nova, bem vestida e arrumada, comentou maliciosamente com os amigos, despertando gargalhadas:

– Aposto que ela vai a um encontro.

Curioso, seguiu-lhe os passos. Surpreendeu-se ao vê-la entrar com desenvoltura na casa de Laurindo, que morava sozinho. Sorriu. Esfregou as mãos.

– É o momento do flagrante, murmurou, ansioso.

E, abusando da liberdade que o companheiro lhe conferia, abriu bruscamente a porta. Deparou com Maricota, chorando copiosamente, abraçada a três amigas. Na mesa ao lado, Laurindo e o advogado examinavam papéis, providenciando o inventário, que garantiria o sustento da jovem senhora e quatro filhos.

A mente enferma de Dirceu o levara a novo engano.

76

MISSÃO DE SALVAMENTO

O homem recebeu a missão de comandar o grupo de salvamento.

Viajou deserto adentro.

Pisou a areia escaldante.

Suportou o sol abrasador.

Varou noites de intenso frio.

Enfrentou répteis venenosos.

Fortaleceu o ânimo de cada um.

Conduziu a busca com segurança.

Depois de muitos dias de árdua tarefa, resgatou os viajantes perdidos, levando-os de volta ao convívio dos familiares.

No campo da crença é assim.

O homem de fé, que recebe as dádivas do Evangelho de Jesus, atravessa aflições e angústias na vida, mas vence a adversidade pela missão de exemplificar a transformação íntima, salvando a si mesmo e aos outros.

77

A BIBLIOTECA

João Caetano formava vistosa biblioteca. Tudo muito organizado. Várias seções. Encadernações primorosas. Entretanto, não lia nada. Adquiria os volumes e os enfileirava nos armários do escritório. Rico tesouro sem utilidade.

Amílcar, velho amigo, perguntava-lhe:

– Por que você compra livros? Não os lê, não os empresta, não lhes dá um fim útil. Não servem a ninguém.

– Gosto de apreciá-los nas estantes – respondia João com uma ponta de orgulho na voz.

Passado o tempo, a biblioteca ficou enorme. Milhares de livros. Obras raras. Toda espécie de literatura e conhecimentos. Permanecia intocada, e a cidade inteira sabia do caso.

Certa manhã de domingo, uma senhora e algumas crianças maiores lhe bateram à porta. Eram de instituição religiosa ali perto. Professora e alunos. Queriam visitar a biblioteca.

João acedeu com prazer. E, após demorada visita, despediram-se com referências elogiosas. O dono da casa, porém, ainda pôde ouvir o comentário da professora quando o grupo já ganhara a rua:

– Está encerrada a aula prática. Essa biblioteca é semelhante à fé sem obras. Muito bonita, mas inútil. É morta em si mesma.

78

VIDA ÚTIL

A árvore formava um quadro de rara beleza.

Porte elegante.

Tronco vigoroso.

Pássaros alegres.

Galhos altaneiros.

Folhas verdejantes.

Sombra acolhedora.

Flores multicoloridas.

Entretanto, além do aspecto exterior que causava admiração, a árvore tinha importante finalidade. Logo, as flores se tornaram frutos maduros que serviram de alimento substancioso.

Façamos nossa vida útil.

Jesus disse que nem só de pão vive o homem e, de nossa parte, compreendemos que, à semelhança daquela árvore, também não deve viver só de aparências.

79

Os insetos

João Lourenço era modesto sapateiro. Única porta. Pouco material. Trabalhava sozinho.

Fazia botinas simples e consertava sapatos finos que lhe chegavam pelas mãos de clientela numerosa. Profissional respeitado, tinha talento. No fundo, porém, era inconformado. Gostaria de possuir uma fábrica de calçados. Modelos sofisticados. Fama e fortuna.

Arsênio, companheiro de muitos anos, dizia-lhe:

– Cada um está no próprio lugar. Deus nos situa nas condições que favoreçam o melhoramento íntimo. A vida física é breve. O que conta é a eternidade. Não se aborreça com seu trabalho humilde. É nobre e útil.

No entanto, o amargurado sapateiro respondia:

– Sei que o Senhor quer o melhor a seus filhos. Entretanto, custa-me aceitar a desigualdade que reina no mundo. Capacidade não me falta, mas fico marcando passo.

A conversa acontecia num banco de jardim. Centro da cidade. Praça acolhedora. Muitas árvores. Bem perto de onde estavam um canteiro florido mostrava rara beleza. Os insetos pousavam, alternadamente, nas várias flores.

Ambos se calaram para apreciar o espetáculo. Em dado momento, Arsênio quebrou o silêncio, dirigindo-se ao amigo:

– Os que vêm à praça admiram as flores, mas não percebem o trabalho anônimo daqueles insetos. Eles transferem o pólen de uma planta à outra. As flores existem por causa deles. É assim a vida. Se você não consertasse os calçados finos, eles não seriam admirados nos salões festivos.

Após a reflexão oportuna, os dois prosseguiram contemplando as flores... e os insetos.

80

SURPRESA AGRADÁVEL

O homem trabalhou várias horas debaixo do sol.

Cuidou do jardim.

Retirou mudas.

Revolveu a terra.

Plantou flores.

Adubou canteiros.

Aparou a grama.

Podou árvores.

Terminada a tarefa, foi se lavar e, durante o banho, deliciou-se com a sensação agradável da água refrescante.

É assim que acontece conosco na evolução espiritual.

Envolvidos pelos problemas pessoais e atribulados pelos interesses imediatistas, causa-nos agradável surpresa o contato com o amor e a caridade.

81

EMPRÉSTIMO OPORTUNO

– Empréstimo sem retribuição? E os juros? Vou ter prejuízo.

Bonifácio Resende espumava de raiva à simples menção do assunto. Pequena quantia. Pagamento a longo prazo. Facilidades.

O amigo Lourival, que intermediava a ajuda, dizia-lhe:

– É caridade. A pobre senhora está em dificuldades. Precisa de amparo imediato.

Bonifácio respondia, veemente:

– De jeito nenhum. Meu dinheiro é suado, e não vou arriscá-lo sem garantia remunerada.

A conversa parou aí. Um, irredutível. O outro, sem graça pela recusa seca.

Contudo, a amizade entre ambos era sólida. Bonifácio não queria desagradar o amigo. Daí a alguns minutos sorriu e falou:

– Está bem, é caridade. Vá lá ajudar a viúva.

Os anos rolaram. O usurário adoeceu. Enfermidade grave. Única solução, transplante de rim. Por muito tempo, esperou um doador. Nada. A doença se agravava, reclamando solução urgente.

Finalmente, Lourival lhe trouxe um jovem disposto a submeter-se aos testes. Feitos os exames, realizou-se com êxito o transplante.

Bonifácio recuperou a saúde e quis saber a respeito de seu benfeitor. Indagou do amigo, que lhe contou a história:

– Lembra-se da viúva a quem você emprestou sem juros? Aquele dinheiro salvou a vida do filho. Quando o rapaz soube de seu problema, se dispôs a "emprestar-lhe" um rim. Sem juros e sem garantia de devolução.

Terminado o relato, Bonifácio chorava. Começou a repensar a própria vida.

82

DEVER INADIÁVEL

O vaqueiro experiente preparava os iniciantes.

Explicava a ordenha.

Ensinava a montar.

Adestrava no laço.

Vistoriava os pastos.

Fiscalizava a ração.

Atendia solicitações.

Esclarecia as dúvidas.

A todos, dispensava atenção e tolerância, entendendo que aquele que sabe mais tem a obrigação de ajudar o que sabe menos.

Se na lida material é assim, com maior razão o discípulo do Evangelho tem o dever inadiável de amparar com as luzes do bem, através da palavra e do exemplo, os que ainda permanecem na escuridão da ignorância.

83

O ENSINAMENTO

Zacarias Mendonça reuniu os amigos e deu a ideia. Um trabalho assistencial. Grupo de apoio aos necessitados. A sugestão pegou rápido e se movimentaram providências e recursos. Logo, a instituição funcionava na periferia da cidade. Grande número de assistidos.

Entretanto, não tardaram as dificuldades. Aperto financeiro. Cooperadores escassos. Dissensões.

– Vamos fechar... – diziam alguns, aflitos.

Zacarias retrucava, sereno:

– Tenhamos calma. O bem é trabalho luminoso, e a sombra sempre espreita a luz. Cultivemos paz e união. Afugentemos o espantalho do personalismo e venceremos.

Um dia, porém, a situação ficou insustentável. Dois voluntários se desentenderam. Vozes alteradas. Palavras duras. Quase bofetões.

Os assistidos, já no galpão, recolheram-se a um canto, temerosos. E quando a agressão física parecia inevitável, um homem idoso se adiantou do grupo assustado e, levantando os braços, começou a falar com humildade e firmeza:

– Meus filhos, somos pobres e temos recebido, desta Casa, inúmeras bênçãos. Não mais fome nem nudez, graças ao trabalho deste grupo de irmãos. Por isso, peço que me acompanhem numa prece de gratidão a Deus por esses benefícios.

E orou com fervor e lágrimas. Agradeceu o pão e a sopa, a veste e o agasalho, suplicando ao Senhor o pão espiritual em favor de todos.

Após a oração, profundo silêncio. Zacarias e alguns amigos, que chegaram a tempo de presenciar tudo, choravam de emoção, porque entenderam que na verdade faziam beneficência, ao passo que o velho lhes ensinara a caridade.

84

CONSTRUTOR CELESTIAL

A casa parecia perdida, totalmente estragada.

Telhado precário.

Janelas quebradas.

Portas destruídas.

Piso carcomido.

Fiação rompida.

Os comentários divergiram. Alguns opinaram pela demolição. Outros, porém, decidiram-se por exame mais minucioso, descobrindo elementos aproveitáveis.

Alicerces seguros.

Estruturas firmes.

Paredes perfeitas.

Resolvida a recuperação, logo o construtor transformou a arruinada moradia em bela e confortável residência.

Ao convivermos com vícios e imperfeições, somos como o prédio em ruínas. Entretanto, trazemos na intimidade as sementes divinas do amor, que são a nossa boa parte. Colocando-as à disposição do Construtor Celestial e perseverando no bem comum, o Senhor fará de nós Espíritos renovados a caminho da perfeição.

85

O CAFÉ

Jordelino Brandão era dedicado servidor da causa evangélica. Apóstolo do bem. Capaz de qualquer sacrifício para ajudar o próximo.

Entretanto, sua vida pessoal e familiar era um mar de atribulações. Tinha a esposa doente e os filhos lhe traziam sucessivos dissabores. Rebeldes. Ociosos. Agressivos.

Apesar de todos os contratempos, o bondoso homem era trabalhador incansável. Cultivava sincera fé em Deus e a esperança atapetava de flores seu caminho difícil.

Às vezes, porém, momentos de angústia lhe visitavam o coração. Perguntava, a si mesmo, a razão de tantos problemas. Queria apenas viver em paz e fazer o bem, mas o sofrimento lhe perseguia os passos.

Pensava assim, na mercearia, enquanto aguardava a vez de ser atendido. O freguês, à sua frente, pedira café, moído na hora. O balconista ligou a máquina e, à medida que os grãos eram triturados, o aroma agradável recendeu em todo o ambiente.

Foi quando Jordelino ouviu, dentro da cabeça, a voz nítida que lhe dizia:

– Quem serve, sofre. Olhe o café. Tem de ser torrado e moído. E ainda vai ser escaldado. A dor o prepara para ser útil. Por que seria diferente com você?

Jordelino sorriu. O pensamento tinha sentido. Fez sua compra e voltou para casa feliz da vida.

86

O EXTINTOR

Subitamente, irrompeu o incêndio na máquina.

Labaredas.

Fagulhas.

Fumaça.

Estalos.

As tentativas de resolução foram as mais diversas, todas elas inúteis.

Água.

Golpes.

Terra.

Panos.

Quando o fogo parecia incontrolável, chegou alguém com o extintor de incêndio. Alguns jatos seguidos da substância extinguiram as chamas.

Diante de um irmão em cólera, tenha bom senso e amor.

De nada vale a atitude dura que machuca, nem a palavra elogiosa que excita. Use o extintor da caridade e sua ajuda será eficiente.

87

AS BANANAS

Gilda Miranda lutara a vida inteira para ostentar juventude. Exercícios. Cremes. Cirurgia plástica.

Entretanto, chegou a ocasião em que nada mais se podia fazer. Os sinais de envelhecimento se tornaram irreversíveis. A vaidosa senhora amuou. Queria teimosamente manter-se jovem.

A amiga Valdira lhe falava:

– O organismo se desgasta, isto é natural. O importante é renovar sempre o interior, aperfeiçoar as qualidades íntimas. Na velhice o corpo está ruim, mas o Espírito deve estar bem, dentro das leis de Deus.

Gilda, porém, não se conformava.

Acomodavam-se ambas em confortável automóvel, transitando pelo bairro, quando passaram diante de uma quitanda. Solicitaram ao motorista que parasse. Desceram.

A seção de frutas e verduras era variadíssima. Percorrendo

o estabelecimento, encontraram a banca de bananas. Pediram para experimentar. Estavam deliciosas. Doces. Sadias.

Valdira, então, apontando as inúmeras pencas do saboroso fruto, comentou com bom humor:

– Olhe estas bananas. As cascas são manchadas e desagradáveis, mas a polpa está ótima. É assim que também amadurecemos. O corpo fica velho e feio, contudo a alma há de estar saudável, pronta para a vida eterna.

Gilda entendeu a lição. Todavia, para surpresa da amiga, virou-lhe as costas e resmungou:

– Só faltava comparar-me com bananas.

E saiu, pisando forte.

88

SELEÇÃO

Na sala enorme, inúmeras pessoas se dispunham ao exame de seleção.

Adultos.

Jovens.

Homens.

Mulheres.

Adolescentes

O encarregado distribuiu os testes e marcou o tempo. A partir daí, os candidatos agiram de acordo com a própria motivação. Alguns, estavam desinteressados e cochilavam; outros, perturbavam os companheiros e entregavam a folha em branco. Muitos, porém, debruçavam-se sobre o papel, tentando acertar.

Quando soou a campainha, encerrando a avaliação, os testes espelhavam o aproveitamento de cada um. Como é óbvio, o resultado premiou os mais aplicados, ao passo que os ociosos, distraídos e perturbadores tiveram reprovação.

No circuito da evolução, a vida corpórea é um teste de aptidão para caminhos mais altos.

Aproveitemos o breve período de existência física para fazer o melhor no clima do bem, porque, quando menos esperamos, o tempo acaba.

89

LÍNGUA SOLTA

Assunta Salgueiro melhorara muito, mas ainda tinha a língua solta. Falava pelos cotovelos. Dava palpite em tudo. Interferia nos assuntos alheios.

Era companheira boa e afável. Delicada e trabalhadora, colaborava na assistência aos necessitados com assiduidade e devotamento. Por isso mesmo, as amigas sempre lhe recomendavam prudência e diziam, preocupadas:

– Você está no meio do povo, tenha cuidado. Respeite a privacidade do próximo. Ajude sem bisbilhotar.

Assunta, porém, resistia às sugestões. Bastava uma simples prosa e ela começava a mexericar.

Até que, um dia, aconteceu o fato desagradável. Em serviço na instituição e a pretexto de aconselhar jovem viúva, a benfeitora lhe penetrou a vida como faca afiada. Queria saber tudo, inclusive intimidades inteiramente desnecessárias.

A moça, sentindo-se invadida pela curiosidade mórbida da

outra, levantou a voz e, sem se importar com as pessoas em volta, falou, nervosa:

– Preciso de ajuda, mas não dèsse jeito. A senhora não é amiga. É curiosa e futriqueira.

E, olhando para os lados, como a justificar-se, arrematou, revoltada:

– Imaginem! Venho aqui pedir recursos a meu filho doente, e ela quer saber se tenho namorado.

90

SOZINHOS

O homem chegou só à cidade, trazia uma pasta de documentos e tinha um trabalho a fazer.

Falou com autoridades.

Procurou mais pessoas.

Fez várias palestras.

Deu esclarecimentos.

Movimentou ideias.

Apresentou soluções.

Indicou novos rumos à comunidade, mas sua presença despertou simpatia e antipatia, adesões e oposições. Recebeu estímulo e aplausos, ofensas e sarcasmo. Entretanto, cumpriu a obrigação com serenidade e correção. Não se impôs a ninguém, nem desprezou a ajuda possível.

Encerrada a atividade, partiu, sozinho, com a consciência do dever cumprido.

Da mesma forma, chegamos ao mundo com tarefas específicas no campo do bem. Apesar dos laços familiares e de amizade, somos solitários na obrigação que nos diz respeito. Encontramos apoio e tropeços, alegrias e tristezas.

Contudo, compete a nós o cumprimento correto dos deveres, porque, amanhã, estaremos sozinhos perante o Senhor, prestando contas de nossa responsabilidade.

91

O BILHETE

Cacilda Ladeira frequentava rigorosamente o templo religioso. Obrigações diárias. Inúmeros compromissos. Propagandista da fé.

Entretanto, mostrava comportamento estranho. Mantinha-se afastada do convívio fraterno. Detestava a presença alheia. Dizia com ar de desprezo:

– A Humanidade é ingrata. Amo muito a Deus, mas o povo me incomoda. Quero distância.

Inconformada com as ideias da amiga, Conceição argumentava:

– E os Mandamentos da Lei? Não referem eles o amor a Deus e o amor ao próximo?

A discussão era interminável. Cacilda não abria mão de seu ponto de vista. As duas caminhavam em direção ao cinema. Fita antiga. Belo enredo. Queriam rever.

– Eu amo esse filme – comentou Cacilda, dirigindo-se à bilheteria.

Ao ouvir esta frase, Conceição teve uma ideia. E, com sorriso matreiro, travou com a amiga o seguinte diálogo:

– Então, entre no cinema sem o bilhete.

– Como? É impossível sem o ingresso.

– Para você tudo é possível. Você consegue amar a Deus sem amar o próximo. E o próximo é nosso bilhete para chegar a Deus.

A conversa terminou secamente. Ambas voltaram para casa.

92

O CONDUTOR

O carro viajava, conduzido pelo motorista atencioso e prudente. Inúmeras dificuldades surgiam a cada passo.

Estrada de terra.

Pontes estreitas.

Trânsito difícil.

Curvas perigosas.

Subidas íngremes.

Cascalho traiçoeiro.

Entretanto, o motorista prosseguia com perseverança e cautela. Superou os problemas e chegou ao destino.

No corpo físico, o Espírito é o condutor responsável. A

estrada difícil é o mundo, e o destino é o aperfeiçoamento íntimo.

Contudo, a viagem só terá êxito se os obstáculos do caminho ficarem para trás, avançando sempre com determinação e coragem, amor e trabalho, rumo ao objetivo glorioso.

93

A GOTEIRA

— Vamos, Candinha, dê a sua colaboração. É apenas uma pequena tarefa.

Os companheiros insistiam, mas Candinha Figueiredo resistia. Frequentava o grupo de assistência, porém, tinha pavor ao trabalho. Educada e gentil, era muito querida. Contudo, simples expectadora do serviço.

Agia sempre assim e respondia com desagrado:

– Deus me livre. Fico por aqui mesmo. Conversando. Apreciando.

Um dia, junto a uma companheira, visitava solitário paralítico. A amiga logo tomou providências. Ajeitou a casa. Preparou algum alimento. Fez café. Candinha, no entanto, permanecia na cadeira. Empertigada. Cerimoniosa. Proseando.

Até que, de repente, caiu pesada chuva. Aguaceiro. Vento forte. O barraco do pobre homem não aguentou. Bem em cima do leito, onde se encontrava, apareceu uma goteira. Era urgente removê-lo dali.

Nessas circunstâncias, Candinha não teve alternativa. Precisou ajudar. Bufava e fazia força. A companheira mal pôde esperar para dizer com ironia:

– Bendita chuva, Candinha. Fez você trabalhar.

E desatou a rir, enquanto a outra praguejava baixinho.

94

O EMISSÁRIO

Designado pelo superior, o emissário chegou à comunidade interiorana.

Trouxe saudações.

Cumpriu o dever.

Aceitou petições.

Fez relatórios.

Ouviu sugestões.

Discutiu problemas.

Representou o chefe.

Em todos os momentos, foi a voz, os olhos e os ouvidos do superior, abstendo-se de qualquer iniciativa pessoal.

Terminada a visita, o emissário retornou à capital para a devida prestação de contas.

O discípulo sincero do Evangelho é o representante de Jesus no mundo.

Ouve e fala, esclarece e conforta, trabalha e serve, sempre em nome do Divino Mestre. E, por isso, afasta todo e qualquer laivo de personalismo a fim de que a luz do Senhor prevaleça em favor de todos.

95

O PERTURBADOR

Encerrada a eleição na entidade assistencial, Joselino Mota pediu a palavra. Silêncio. Expectativa.

O presidente recém-empossado raspou a garganta e, com ar grave e cerimonioso, fez emocionado discurso, arrematando assim:

– Eu proponho a paz. Que empunhemos a bandeira do trabalho construtivo. Que tenhamos compreensão e tolerância mútua. Que nos perdoemos uns aos outros nos defeitos e valorizemos o esforço e a qualidade de todos. Que trabalhemos com Jesus, sustentando a alegria e a humildade. Que façamos o melhor, esquecendo rivalidades e discórdias. Eu proponho o bem em todas as circunstâncias.

As palavras de Joselino foram seguidas de calorosa salva de palmas. Sorrisos. Cumprimentos. Abraços.

Entretanto, poucos meses depois, o grupo assistencial estava em pé de guerra. O novo diretor descuidara das obrigações, discutira com servidores fiéis e entrara em conflito com antigos benfeitores da obra.

Os companheiros se alvoroçaram. Às pressas, convocaram uma assembleia. Pediram explicações.

Joselino, porém, não se alterou e com ar de seriedade disse, apenas:

– Comigo é assim. Os perturbadores que se retirem.

No dia seguinte, a instituição tinha novo presidente.

96

DOAÇÃO ÍNTIMA

Encarregado do Serviço de Assistência, ele era o responsável pela distribuição de inúmeros bens e dispensava os intermediários na execução do trabalho. Tratava diretamente com o necessitado.

Tolerava a revolta.

Acolhia reclamações.

Escutava impropérios.

Suportava a ingratidão.

Ouvia palavras amargas.

A todos, porém, dispensava atenção e carinho. Distribuía o que não era seu, mas também dava de si mesmo em largas doses de paciência, compreensão e solidariedade.

Reconheçamos que os bens da Terra pertencem todos a Deus e a beneficência é simples distribuição do que não é nosso.

Entretanto, a caridade legítima é sempre doação íntima do bem que realmente possuímos.

97

A GELATINA

Julieta Santos sempre se mostrou boa companheira. Correta. Gentil. Entretanto, mal resistia aos embates da vida. Era frágil. Desesperava-se por pouca coisa.

Aura, amiga há longa data, dizia-lhe:

– Você precisa ser firme na fé. Ser forte na dor. Resistente diante dos problemas. As dificuldades são lições renovadoras. Para aproveitá-las, deve-se construir a fortaleza interior, baseada na esperança e na caridade.

Julieta retrucava, chorosa:

– Mas, de que modo? Como ser firme sem dureza? Como ser forte, resguardando a brandura e a mansidão? Não consigo conciliar.

Conversavam na confeitaria do bairro enquanto faziam ligeira refeição. Foi quando, então, Aura apontou a taça de sobremesa e falou, convicta:

– Observe a gelatina. É mole, mas não se desmancha. É macia, mas tem firmeza. Sustenta, mas não pesa no estômago. Você não acha que podemos aprender com ela?

As duas riram da comparação espirituosa. Contudo, alguém ao lado, que ouvia a conversa, pediu licença e comentou, pensativo:

– As senhoras estão certas. No entanto, não nos esqueçamos da resignação. A gelatina é o que é, porque aceitou, sem murmurar, o fogão e a geladeira.

98

NÃO NOS ENGANEMOS

Nas bancas da feira, a exposição era farta.

Alface viçosa.

Tomate graúdo.

Cará retorcido.

Laranja sadia.

Maçã vermelha.

Jenipapo enrugado.

Havia verduras, legumes e frutas de muitos aspectos, feios e bonitos, delicados e grosseiros, mas todos eram de boa origem e ótima qualidade.

Não nos deixemos enganar pelas aparências.

Todas as criaturas são filhas do mesmo Deus e têm o mesmo destino à perfeição e, embora aparentem virtudes ou defeitos, beleza ou fealdade, o que vale realmente é a qualidade interior.

99

Encontro da luz

A transformação de Genésio Pitangueiras era visível. Conhecera o Espiritismo. Estudara-lhe as lições. Mudara de vida.

Frequentava com assiduidade as reuniões de estudo. Participava das atividades assistenciais. Interessava-se pelo próximo. Entretanto, os antigos companheiros de diversão não se conformavam.

– O que lhe aconteceu? – indagavam, insatisfeitos.

– Encontrei a luz – respondia Genésio, sorrindo.

Certa feita, em encontro casual no bar da praça, desenvolveu-se, entre eles e o entusiasmado adepto da Boa Nova, o seguinte diálogo:

– Anda sumido.

– Muitas ocupações, amigos.

– Isso é loucura.

– Não, é consciência da realidade.

– É fanatismo.

– Ao contrário, estou muito lúcido.

– Você está cego.

Antes que Genésio respondesse, sentiu que alguém lhe tocava o ombro por trás. Virou-se. Era um dos assistidos do grupo assistencial. Homem de meia idade. Magro. Envelhecido. Pediu licença e falou, humilde:

– Sr. Genésio, quero lhe agradecer pela caridade. Ontem, quando cheguei em casa, minha mulher me contou. O senhor tomou todas as providências. O menino já está no hospital. Salvo, graças a Deus. Muito obrigado.

E despediu-se, quase em lágrimas.

Genésio, emocionado, levantou-se. Olhou para os amigos silenciosos e, lembrando-se de uma passagem do Evangelho de Jesus, ainda pôde dizer com a voz embargada, repetindo-a:

– Uma coisa sei. Eu era cego e agora vejo.

100

FAÇAMOS O MESMO

Diante dos estragos da enchente, o homem orou fervorosamente ao Alto, suplicando força e coragem para enfrentar a situação. Logo a seguir, empreendeu a ação restauradora.

Removeu escombros.

Retirou lama e detritos.

Ajudou desabrigados.

Providenciou recursos.

Amparou acidentados.

Orientou reconstruções.

Participou de salvamentos.

Ao final do serviço estava cansado, mas satisfeito. Colaborara pessoalmente no auxílio aos necessitados.

Façamos o mesmo.

Oremos sempre a Deus, renovando as energias espirituais no clima das vibrações elevadas, mas não nos esqueçamos do trabalho ativo no bem.

101

O CANDIDATO

– Quero trabalhar na seara do Cristo.

– Então, mãos à obra.

Assim, iniciou-se o diálogo entre Luciano Figueira e o veterano batalhador do Evangelho. O jovem era candidato ao serviço fraterno na instituição. A conversa prosseguiu:

– Quero um trabalho grande...

– Comecemos pelos deveres mais simples.

– Pretendo realizar muito...

– O muito vem depois do pouco.

– Então, que devo fazer?...

– Trabalhe com amor, sem exigências.

– Não tolero desaforos...

– Aprenda a perdoar.

– Não suporto chacotas...

– É preciso compreender.

– Também não gosto de muita conversa...

– A troca de ideias é saudável.

– Não admito interferências...

– A fraternidade é a base da convivência.

– Não preciso de cooperação...

– A humildade é solidária.

– Prefiro trabalhar sozinho...

Nesse ponto da conversa, o velho tarefeiro se calou por alguns instantes. Logo, porém, respondeu com firmeza:

– Pensei que você quisesse trabalhar com Jesus.

O jovem se despediu e nunca mais voltou à instituição.

102

DEDICAÇÃO

Quando se tornou médico, sua vida mudou.

Dedicava-se ao serviço.

Atendia a qualquer hora.

Amparava os sofredores.

Trabalhava sem descanso.

Aliviava os padecimentos.

Era o refúgio dos infelizes.

Onde quer que estivesse provocava admiração e surpresa por seu esforço e desvelo. Muitos colegas, porém, criticavam-lhe a permanente renúncia e dedicação em favor dos pacientes e, no convívio diário, menosprezavam-lhe a presença.

Ao final de cada dia, o médico estava cansado e sofrido, mas tinha a consciência tranquila e a alma jubilosa pelo dever corretamente abraçado.

É assim que acontece quando Jesus nos toca o coração. A vida se transforma e nós nos transformamos também. As futilidades perdem o interesse, e o bem, em favor de todos, assume maiores proporções.

Por isso, o discípulo sincero do Cristo causa estranheza à maioria ainda mergulhada na ilusão e, muitas vezes, é incompreendido até pelos próprios companheiros.

103

Caridade exigente

Bertolina Cerqueira participava, todos os anos, da quermesse em benefício das obras assistenciais. Dava plantão na barraca de doces. Era trabalhadora, porém, muito impertinente. Zangava-se com as pequenas contribuições e resmungava com a fisionomia carregada:

– Tem de comprar bastante. É para ajudar os pobres.

As companheiras lhe pediam moderação, mas não adiantava. Todas as vezes, era a mesma coisa.

Na última quermesse, Bertolina observou um senhor idoso, passeando entre as barracas. Olhava. Apreciava. Contudo, não adquiria nada. Quando o visitante se aproximou de seu posto, ela foi logo dizendo, carrancuda:

– Se não comprar, pode ir andando.

O homem sorriu. Fez de conta que não escutara a grosseria e falou, humilde:

– Posso comprar um doce.

– Só isso? É muito pouco. Quem vem aqui, está disposto a gastar mais.

Nesse momento, muita gente assistia ao episódio desagradável.

Isaura, da barraca ao lado, apressou-se em remendar a situação. Cumprimentou o visitante com alegria. Perguntou pela família. Vendeu o doce e lhe deu outros mais de presente. Agradeceu a contribuição com um abraço fraternal. E, em seguida, dirigiu-se à companheira intransigente, falando bem alto para que todos ouvissem:

–Você não o conhece, mas eu, sim. Esse irmão sempre foi pedreiro e pobre. Há muitos anos, doou seu serviço, semanalmente, durante toda a construção de nossa entidade. É grande benfeitor de todos nós.

Bertolina, amuada, quase se escondeu por trás da barraca, enquanto as pessoas em volta comentavam o ensinamento de Jesus a respeito do óbolo da viúva.

104

ENXERTO DIVINO

O jovem músico ganhou a atenção do maestro experiente.

Recebeu lições.

Corrigiu vícios.

Ouviu conselhos.

Estudou partituras.

Praticou com afinco.

Aceitou-lhe as diretrizes.

Após demorado convívio, ocorreu verdadeiro processo de enxertia. Sobre o talento, o esforço e a vontade do músico jovem, o velho maestro depositou todo o seu cabedal de conquistas, ao longo dos anos.

O resultado foi o surgimento de expressivo representante da música, apreciado pelos entendidos e aplaudido pelo público.

Nos caminhos do Evangelho, também acontece o enxerto divino.

Todos ainda tropeçamos em dificuldades e imperfeições. Mas, se realmente estamos dispostos a servir com Jesus, recebemos do Mestre Divino o ramo celestial da inspiração e produzimos abundantes frutos.

105

O NÚMERO

Betânia Rodrigues era espírita. Inteligente. Bondosa. Batalhadora em favor dos necessitados. Dedicava, porém, largo tempo a estudos estranhos à esfera doutrinária.

Quando, certa ocasião, reuniu-se com as companheiras para escolher o nome do novo serviço assistencial, fazia complicados cálculos. Dalva perguntou, intrigada:

– O que está acontecendo?

Betânia respondeu com ar de mistério:

– É numerologia.

O diálogo prosseguiu:

– E precisamos disso?

– Temos de definir um nome que seja compatível com o número certo, que nos dê paz e segurança.

Nesse momento, Dalva se levantou e caminhou até a estante. Retirou o *Evangelho Segundo o Espiritismo*, de Allan Kardec. Abriu em determinada página e, passando-o às mãos da amiga, falou com seriedade:

– Se você precisa de um número, aqui está.

Ante a expectativa das companheiras, Betânia passou os olhos no livro. E, um tanto sem graça, leu no topo da página, em voz alta:

– Capítulo XV -. Fora da caridade não há salvação.

106

PROVA PRÁTICA

Após intenso aprendizado teórico, o aluno foi às provas práticas.

Resolveu problemas.

Identificou elementos.

Apresentou trabalhos.

Manejou instrumentos.

Manipulou fórmulas.

Usou o microscópio.

Descreveu estruturas.

Somente depois de ter provado o conhecimento prático, o aluno foi autorizado a prosseguir os estudos.

Na escola da evolução não é diferente.

Estudamos a Boa Nova e aprendemos os fundamentos evangélicos. Entretanto, se não aplicarmos as lições de Jesus na vida diária, não iremos além da simples teoria.

107

A ÁGUA

Henrique Correa se reunia frequentemente com a multidão. Presidente de associação de bairro. Líder nato. Cultura razoável. Orador excepcional.

Entretanto, era muito exaltado. A palavra fluente e ardorosa induzia com facilidade sentimentos e iniciativas.

Naquela noite, a reunião estava tensa. O assunto em pauta provocava explosões de toda natureza. Faltava água sistematicamente na região. Necessárias as providências urgentes.

Henrique já fizera inflamado discurso. Sugeria a depredação das instalações distribuidoras no bairro. O clima era de guerra.

Foi aí que Fernando, vice-presidente da associação, pediu silêncio. Principiou a falar:

– Companheiros, tenhamos calma...

A frase foi interrompida por estrondosa vaia. Gritos. Assovios. Palavras de ordem. Contudo, não se intimidou e prosseguiu:

– Apelemos ao bom senso. Se as instalações forem destruídas, a situação vai piorar. Temos ideias. Vamos levá-las aos órgãos competentes.

Os ânimos começaram a se acalmar. O vice-presidente percebeu que era entendido. Continuou, argumentando e esclarecendo. No final, surgiram aplausos.

No dia seguinte, deu-se o encontro. Prevaleceu a paz. A solução foi encaminhada.

Quando já retornavam ao bairro, Barbosa se dirigiu ao presidente da associação, comentando com serenidade:

– Henrique, a chama do ódio queima a esperança e a cooperação. E nosso pessoal não precisa do fogo destruidor, precisa de água.

108

CAIR EM SI

Ele se entregou ao prazer e à inércia, anulando todas as possibilidades de realização.

Abusou da saúde.

Cultivou fantasias.

Afastou-se do estudo.

Fugiu das obrigações.

Desprezou o trabalho.

Esqueceu a disciplina.

Ausentou-se do esforço.

Entretanto, quando adoeceu, caiu em si, meditando longamente sobre seus passos. A enfermidade exigiu mudança de hábitos, e a dor lhe corrigiu os desvios.

Só, então, percebeu o tempo perdido.

Na esteira da evolução, ocorre o mesmo conosco. Cegos pelas ilusões, entregamo-nos a todo tipo de inconsequências.

Contudo, chega a hora em que a dificuldade, a doença e o conflito íntimo funcionam como despertadores da consciência, transformando-nos a vida para que nos transformemos a nós mesmos.

109

FERMENTO NOVO

Argemiro Pereira era novato no grupo assistencial. Moço ainda. Inteligente. Trabalhador. Respeitoso.

Quando a instituição se reuniu em assembleia para decidir importante detalhe do serviço, quis dar sua opinião. Os companheiros, porém, tentaram dissuadi-lo, dizendo com insistência:

– É inexperiente.

– É muito jovem.

– Vai se dar mal.

– Deixe o problema com os mais velhos.

Entretanto, de tal forma se arrastava a discussão, sem um final satisfatório, que o novato se encorajou. Levantou-se e pediu a palavra. Silêncio absoluto. Todos os olhares para ele. Começou a falar:

– Sou novo aqui, mas desejo apenas dar uma sugestão.

Expôs com clareza seu ponto de vista. A ideia do jovem foi plenamente aceita. A solução, encontrada. E, contrariamente ao que se pensava, o mais antigo colaborador da entidade agradeceu a contribuição de Argemiro, nesses termos:

– Bem se diz que um pouco de fermento leveda a massa toda. E tem de ser fermento novo.

110

CULTO EXTERIOR

Quando ouviu o sinal da escola, o aluno entrou para a sala de aula. Sentou-se bem na frente, diante do professor. Entretanto, ainda que respeitoso e em silêncio, não estava interessado.

Cabeça nas nuvens.

Raciocínio ausente.

Pensamento longe.

Terminada a aula, o aluno não havia aprendido nada, embora durante todo o tempo aparentasse interesse e atenção.

Nos círculos religiosos, o culto exterior é assim.

Templos de pedra.

Altares enfeitados.

Devoção aparente.

Contudo, no íntimo, o coração permanece fechado e distante aos apelos divinos de amor e caridade.

111

A CRÍTICA

Joaquina Felisberto era muito maliciosa. Reparava nas pessoas. Zombava dos companheiros. Comentava. Criticava.

Era voluntária no grupo assistencial. Quando a instituição se reuniu para eleger a nova diretoria, seus palpites feriam como farpas venenosas. A cada candidato aos vários cargos, ela disparava frases de ironia.

– Fulano para presidente? Ele nem toma banho.

– Sicrano para secretário? A letra é garrancho.

– Beltrano para tesoureiro? Vai faltar tudo.

– Aquela dondoca para bibliotecária? Os livros vão ficar assim de poeira.

O desagrado foi aumentando no pequeno grupo que a ouvia. Os comentários desrespeitosos continuaram, até que um dos companheiros se indignou e pediu licença para dar uma sugestão:

– Senhor presidente, se alguém acha que ninguém serve para cargo nenhum...

Interrompeu a frase. Olhou demoradamente para Joaquina. Todos entenderam a quem se referia. Depois, prosseguiu, emendando:

– ...então, deve assumir a diretoria, sozinha!

O grupo explodiu em gargalhadas.

A colega faladeira se sentiu flagrada em suas atitudes irreverentes e se levantou com fúria, falando, quase aos gritos:

– Isso é desrespeito! Isso é desrespeito!

E saiu do recinto, batendo com a sombrinha no chão.

112

VESTIMENTA DA CARIDADE

Na hora crítica do salvamento, o bombeiro se preparou para entrar na casa incendiada.

Tirou o capacete metálico.

Descalçou as botas pesadas.

Livrou-se de peças do uniforme.

Em seguida, vestiu a roupa de amianto própria para o momento.

Macacão.

Capuz.

Calçados.

Luvas.

Mantas.

Assim preparado, atravessou as chamas e, algum tempo depois, trouxe nos braços a criança, envolvida na capa protetora. Utilizando-se de roupagem apropriada, trabalhou com eficiência.

Quem se interessa pelo bem do próximo, age como o bombeiro.

Despe-se dos interesses próprios e, para ajudar o irmão necessitado, enfrenta as labaredas da impiedade e da ignorância, usando sempre a vestimenta da caridade.

113

O COMPRIMIDO

Gildo Costa era companheiro amável. Culto. Bem-apessoado.

Entretanto, muito exigente. Na instituição, só aceitava incumbências de relevo. Os pequenos encargos, recusava sem a menor cerimônia.

– Tarefa é tarefa – diziam-lhe os amigos. – Não importa o tamanho. O que vale é o benefício.

– Não concordo – respondia ele, ofendido. – Meu preparo requer trabalho mais graduado...

E assim viveu, perdendo inúmeras oportunidades de serviço no auxílio ao próximo. Foi envelhecendo. Um dia, a doença o pegou de surpresa. O médico diagnosticou. Instituiu o tratamento.

A consulta, porém, prolongou-se no seguinte diálogo:

– Só um comprimido por dia? – perguntou Gildo, com ar de dúvida.

– É o suficiente – assegurou o doutor.

– É muito pouco...

O médico, amigo de tantos anos e já sabedor das opiniões do cliente, aproveitou a ocasião para acrescentar:

– É pouco, mas é importante. Você sempre menosprezou o pequeno e o pouco. Quem sabe, agora, vai mudar de ideia...

114

MORADA GARANTIDA

Decidido a construir a moradia em base sólida, o construtor examinou detidamente o terreno.

Pesquisou-lhe a firmeza.

Providenciou sondagem.

Exigiu laudos precisos.

Drenou partes úmidas.

Colocou arrimos fortes.

Corrigiu várias erosões.

Removeu alguns detritos.

E, ao lançar os alicerces no solo já preparado, fincou estacas em grande profundidade até que encontrassem a rocha embaixo, garantindo a segurança do prédio.

Da mesma forma, edifiquemos nossa intimidade em fundamentos corretos.

Preparemos o terreno interior com os recursos do Evangelho, e nossa morada íntima se erguerá, garantida pela rocha do bem.

115

O HERDEIRO

Quinca Benevides era moço de muitas qualidades. Trabalhador. Dedicado à religião.

Herdara recentemente grande fortuna e, desde então, ficou preocupado. Não queria a riqueza. Achava incompatível com o sentimento religioso. Pretendia desfazer-se dos bens.

O amigo Teotônio tentava dissuadi-lo e argumentava com seriedade:

– A riqueza é missão a ser cumprida. Sem dúvida, é tarefa difícil. Perigosa. Repleta de armadilhas e tentações. Mas o dinheiro é importante ao progresso e espalha o bem. Pense com calma e não se precipite.

O jovem, porém, não se conformava e voltou a falar:

– Moisés era herdeiro do faraó e deixou tudo em busca de Deus.

– É verdade – respondeu Teotônio.

E o diálogo prosseguiu:

– Jesus aconselhou o moço rico a desfazer-se dos bens para segui-lo.

– É verdade.

– Buda abandonou a riqueza e se tornou o iluminado.

– É verdade.

– Francisco recusou a fortuna do pai e passou a ser conhecido como o pobrezinho de Assis.

– É verdade.

O jovem se irritou com as respostas e cobrou com rispidez:

– Você concorda com tudo. Por que deseja me convencer do contrário?

Teotônio sorriu e respondeu com calma:

– Ora, porque você não é nenhum deles. É o Quinca, querendo ser santo.

O moço se surpreendeu com a franqueza do amigo. Contudo, tempos depois, tornou-se o presidente de grande empresa com muitos empregos e obras sociais.

116

LIÇÃO COM EXEMPLO

Esgotado o assunto, o professor de matemática expôs, no quadro negro, os problemas a serem resolvidos. Entretanto, após várias tentativas, os alunos não chegaram a bons resultados. O professor, então, se propôs a resolvê-los.

Explicou a lição.

Definiu termos.

Montou equações.

Efetuou cálculos.

Aplicou teoremas.

Desenhou gráficos.

Dirimiu dúvidas.

O professor realizou, ele mesmo, aquilo que exigira dos alunos, exemplificando com conhecimentos tudo que lecionara.

O discípulo de Jesus ensina o Evangelho.

Contudo, para que a lição seja aproveitável, é preciso que exemplifique, nas próprias atitudes, os ensinamentos que ministra.

117

A TAGARELA

Chiquinha Borba era fanhosa, mas tagarelava com desenvoltura. Tinha os olhos e ouvidos bem espertos, notava e divulgava os defeitos dos outros sem a menor cerimônia.

Tarde agradável. Intervalo de calma nas tarefas assistenciais. Chiquinha sustentava animado bate-papo com as companheiras e falava, quase sem fôlego:

– A Lívia é um poço de orgulho.

– O Tadeu é esquisito.

– O Daniel é um pavão de vaidade.

– A Gabriela é maldosa.

– A Tânia é egoísta.

– O Sinval é avarento.

– A Alcina é bisbilhoteira.

Conversava sem parar quando o desconhecido se aproximou, procurando por alguém. A tagarela se levantou para atender. Ao ouvi-la, o recém-chegado comentou com surpresa:

– A senhora é fanhosa!...

Chiquinha fechou o semblante e respondeu com dureza:

– Nem bem chegou e já está vendo defeito.

E saiu, batendo os pés com raiva.

118

AS LARANJAS

Após o jantar, veio a sobremesa.

Prato delicado.

Talheres reluzentes.

Duas laranjas.

O convidado examinou demoradamente as frutas.

Bem descascadas.

Gomos cortados.

Favos à vista.

Observou, então, que uma das laranjas era pálida, imaginando-lhe o azedume, ao passo que a outra tinha cor mais carregada, parecendo-lhe bem madura. Experimentou ambas e teve enorme surpresa ao verificar que a laranja de aspecto desagradável era muito mais doce e saborosa do que a outra.

Enganara-se com as aparências.

Meditemos neste episódio e aprendamos com a lição da experiência.

Muitas vezes, damos excessivo valor aos aspectos exteriores, esquecidos de que realmente o que vale é o conteúdo.

119

A HISTÓRIA DO CHAPÉU

– Não dou mesmo. Não adianta insistir. Tenho de preocupar-me com a velhice. Garantir o futuro.

Nequinha Fontana discursava para a roda de amigos. Acabara de negar esmola a um mendigo e se justificava com eloquência.

Era comerciante. Conhecido pela avareza. Solteiro, morava sozinho e vivia falando no futuro.

Ainda inflamado, arrematou o discurso, repetindo:

– Não adianta pedir. Não dou mesmo.

– A moeda não lhe fará falta e vale muito ao pobre coitado. Além do mais, somos uns pelos outros. Não custa ajudar.

Quem argumentava era João Coelho, profissional liberal, já adiantado em idade. Eram velhos companheiros. Entendiam-se bem.

O avarento, contrariado, voltou à carga:

– É por isso que você não tem nada. Abre a mão para todo mundo.

Nesse ponto da conversa, um golpe de vento levou o chapéu de Nequinha, que saiu correndo atrás dele. Afobado, tropeçou e caiu de bruços, só não batendo a cabeça no meio-fio, porque o mendigo, a quem recusara ajuda, estava assentado na calçada e lhe aparou a queda.

Pouco depois, quando o comerciante, mais calmo, já se encontrava novamente entre os amigos, João Coelho tocou no assunto:

– O mendigo evitou uma tragédia. Não é só dinheiro que garante o futuro.

Nequinha Fontana ouviu, pensativo, a observação do companheiro e, a partir daquele dia, mudou de vida, mas toda vez que ajudava alguém, tinha de contar a história do chapéu.

120

FÉ

O recinto estava todo iluminado para os debates sobre importante tema.

Auditório lotado.

Participantes atentos.

Livros e pastas sobre a mesa.

Painéis explicativos.

A reunião prosseguia com o interesse de todos, quando, de repente, a luz acabou.

Frustração geral.

Exclamações de desagrado.

Comentários pessimistas.

Vozerio ensurdecedor.

Entretanto, quando o tumulto já ia avançado, alguém acendeu um lampião. A claridade, embora tênue, acalmou os ânimos e restabeleceu a ordem no ambiente, permitindo os reparos na instalação elétrica.

Muitas vezes, a escuridão do sofrimento invade nosso caminho.

Enfermidades dolorosas.

Conflitos familiares.

Perturbações íntimas.

Descontrole no trabalho.

Contudo, nessa hora, a fé em Deus é luz que alivia e fortalece, diluindo as sombras do desespero e dando-nos a oportunidade e o tempo necessário para as providências cabíveis ao reequilíbrio da vida.

121

O FOLGAZÃO

Belarmino Cafeteira era folgazão. Pouco amigo da disciplina e do serviço. Era, porém, muito conhecido e estimado na cidade.

Naquela noite, estava preocupado. Os recursos haviam chegado ao fim. Não tinha alimento nem mesmo para o dia seguinte.

Entregava-se à oração com fé e esperança. Rogava o auxílio do Alto. Pedia a intervenção de Deus em suas dificuldades. Acentuava, com fervor, o trêcho da prece que diz "dá-nos o pão de cada dia". Após longos minutos de meditação e fervor, Belarmino adormeceu.

Foi acordado, na manhã seguinte, com batidas na porta. Era Quinca, vizinho próximo, que vivia de carretos. O amigo foi logo dizendo:

– Belarmino, vou fazer uma mudança e preciso de sua colaboração. Dá para ganhar alguns trocados.

O folgazão respondeu, contrafeito:

– Desculpe, já tenho compromisso. Fica para outra vez.

E, fechando a porta, ainda resmungou:

– Deve ter sido erro de transmissão. Pedi a ajuda de Deus e me aparece trabalho.

122

MENDIGO SOLIDÁRIO

A mulher, trazendo a criança nos braços, percorreu todo o quarteirão, batendo de porta em porta.

Corpo emagrecido.

Vestido aos trapos.

Cabelos em desalinho.

Desespero no olhar.

Não tinha nada em casa. O marido, doente incurável, não trabalhava. Ela mal podia cuidar dos filhos. Precisava de alimento para a família.

O leite do bebê.

Tanto de arroz.

Outro de feijão.

Punhado de café.

Pouco de açúcar.

Pão amanhecido.

Sobra de quitanda.

Não fazia questão. Levava o que houvesse. Entretanto, recebeu sempre resposta negativa. Na esquina, ao final do percurso, a mulher se sentou na calçada e começou a chorar.

O mendigo, que fazia ponto ali perto, aproximou-se e, condoído da situação, dividiu com ela a esmola que recebera até o momento.

Irmãos, a caridade é simples. Qualquer um pode ajudar o próximo, ainda que tenha pouco. Basta a vontade de vencer o egoísmo e a disposição de servir.

Contudo, existe muito mendigo na rua que é rico de solidariedade, ao passo que há muito rico na vida que é mendigo de amor.

123

O CÃOZINHO

Clodoaldo Cerqueira era pessoa alegre. Temperamento expansivo. Dançarino exímio. Professor aposentado e morador antigo da cidade, era muito conhecido e estimado. Generoso. Benevolente. Honesto. Não se apegava, porém, a nenhum credo religioso. Indagado sobre o assunto, respondia com bom humor:

– Minha religião é a vida. Gosto de viver.

Quando recebeu o diagnóstico médico, desesperou-se. Doença incurável. Prognóstico ruim. Pouca esperança. O professor ficou muito aflito. Não podia suportar a ideia do sofrimento.

– A morte, tudo bem... – dizia resignado.

– Sofrer, não... – completava, revoltado.

Ao sair do hospital, resolveu caminhar. Parou na praça principal. Sentou-se, sozinho, em banco isolado. Queria pensar. Após longo tempo de agonia, tomou a decisão. Ia dar um jeito na vida. Cometeria suicídio.

Nesse momento, cena próxima lhe chamou a atenção. Uma criança brincava com um cãozinho que arrastava as patas traseiras. Ficou curioso. Aproximou-se e perguntou ao menino o que acontecera.

– Foi atropelado, mas é bonzinho. Brinca muito comigo.

Ficou chocado. Era um aviso, pensou. Se um cachorro podia viver e brincar com a metade do corpo, ele também poderia viver, doente.

Alguns dias depois, Clodoaldo era o mesmo de sempre. Quando lhe perguntavam como podia ser alegre com doença tão grave, o professor respondia, às gargalhadas:

– Aprendi com um cãozinho.

124

DESAGRADO

Quando o necessitado se aproximou do balcão, o dono da loja carregou a fisionomia. Foi a seu encontro com visível desagrado.

Atendeu com rispidez.

Mostrou má-vontade.

Fez perguntas incômodas.

Referiu-se a trabalho.

Por fim, apontou a saída.

Logo depois, conhecido colunista social da cidade apareceu para conversar com o dono da loja. Estava em dificuldade e precisava de ajuda.

O comerciante se desmanchou em sorrisos e palavras agradáveis. Providenciou depressa a quantia desejada e, ao despedir-se do colunista, agradeceu-lhe a nota a seu respeito no jornal.

Realmente, ainda estamos longe do desprendimento dos bens terrenos.

Negamos socorro a quem não pode retribuir, mas quando o auxílio pode render alguma coisa, logo nos dispomos a ajudar.

125

Injeção de vida

Jerônimo Mendonça, o conhecido batalhador da causa espírita, ficou preso ao leito na maior parte de sua existência. Artrite reumatoide severa, após período de dores lancinantes, levou-o à imobilidade completa, além de complicações cardíacas e cegueira total.

Jerônimo, porém, não se abalava. Estava em toda parte. Auxiliado por familiares e amigos, era transportado na própria cama. Sorria e cantava. Era boa prosa e pródigo de consolações aos outros. Reconhecido orador, viajava muito. Voz possante. Conhecimento doutrinário. Amor ao Evangelho.

Em certa ocasião, após uma de suas vibrantes palestras, em pequeno Centro Espírita de cidade interiorana, Jerônimo foi abordado por um dos assistentes, fazendeiro de meia idade, seguindo-se amistoso e interessante diálogo.

– Quanto tempo de cama?

– Há quase trinta anos, meu irmão.

– Sem se mexer?

– Ainda posso respirar e falar.

– Como se alimenta?

– Mãos fraternas me socorrem.

– E...

Ficou indeciso, mas logo completou:

– E o resto?

– Braços amigos me ajudam em outras necessidades.

– Não enxerga nada?

– Só minhas imperfeições.

– E viaja?

– Não posso parar. Há muito trabalho.

– Ainda consegue cantar?

– A música é bálsamo para minha alma.

– E é feliz?

– Tenho a alegria de viver e resgatar os débitos do meu passado.

– O que espera ainda da vida?

– A misericórdia de Deus para que eu melhore mais.

O fazendeiro ficou pensativo por alguns instantes. Agradeceu a conversa e foi se retirando devagar. Deu alguns passos. Parou. E, voltando-se para trás, falou para todos os presentes, com voz alta e pausada:

– Este homem está quase morto e é uma injeção de vida. Nunca mais vou me queixar de nada. Nem do meu calo.

E saiu, abanando a cabeça.

126

O Sol

A noite caíra sobre a mata como manto escuro e impenetrável. O homem caminhava com dificuldade.

Tropeçava nas raízes.

Trombava com árvores.

Enredava-se nos cipós.

Atolava no lamaçal.

Feria-se nas pedras.

Caía em buracos.

Vagava sem rumo.

Tal era a escuridão e o desespero, que o homem, vencido pelo cansaço e o desânimo, sentiu-se totalmente perdido, a mercê das feras.

Entretanto, quando os raios de sol atravessaram a densa folhagem da mata, tudo ficou diferente. Nada havia de aterrorizante e foi fácil achar a trilha de saída.

A escuridão do sofrimento dificulta nossa caminhada pela vida. Tropeçamos nos obstáculos, as frustrações nos ferem e nos sentimos perdidos.

Contudo, quando o sol da fé e da esperança surge no horizonte da alma, tudo se modifica, e a vida não se apresenta como fardo pesado que nos machuca, mas como aprendizado útil para o encontro com Deus.

127

O ENCONTRO

Na véspera da fundação do Centro Espírita Eurípedes Barsanulfo, na cidade mineira de Ituiutaba, um dos baluartes desta iniciativa meditava profundamente.

Era José Dias Machado, o incansável batalhador da causa espírita naquele rincão que o recebera como um de seus filhos. Machadinho, assim conhecido pelos amigos, era cidadão muito estimado. Homem respeitável. Coração bondoso. Amigo dos necessitados.

Naquela noite, rememorava os acontecimentos que culminariam, no dia seguinte, com a instalação da primeira instituição espírita organizada naquela localidade.

Recordava as lutas, os companheiros. Durante longo tempo, reunira recursos. Estimulara amigos e cooperadores. Doara de si mesmo o máximo possível de entendimento e colaboração. Cultivara a esperança e o otimismo. Traçara planos. Ainda assim, parecia faltar alguma coisa. Tinha dúvidas. Orava, pedindo a orientação do Alto.

Entregue aos pensamentos e embalado pelo fervor da prece, sentiu-se, pouco a pouco, envolvido por agradável sonolência.

Quando se deu conta, estava em imenso jardim. Flores de rara beleza. Arbustos graciosos. Repuxos de água cristalina.

Adiante, debaixo de uma árvore, vislumbrou delicada figura humana, irradiando suave claridade. Impulso irresistível o conduziu até lá. Quando já estava bem próximo, discerniu-lhe as feições. Estacou, paralisado. Fraquejaram-lhe as pernas. Caiu de joelhos.

– S'Eurípedes! – balbuciou com voz embargada, exprimindo-se como de costume nas plagas do Triângulo Mineiro.

Eurípedes Barsanulfo se aproximou do ancião humilde e banhado em lágrimas, tocando-lhe o ombro com ternura. E, enquanto lhe estendia a mão, para ajudá-lo a erguer-se, o Apóstolo da Caridade falou, sorridente:

– Machadinho, estava à sua espera. Venha comigo.

Caminharam pelas alamedas do jardim. O perfume das flores recendia na atmosfera calma e harmoniosa daquele lugar. Logo, estavam diante de enorme conjunto de prédios. O elevado benfeitor apontou para um deles e disse com tristeza:

– Ali se encontram Espíritos em grande desequilíbrio. Trazem dívidas onerosas do passado e reclamam tratamento específico. Quando assumirem os compromissos da reencarnação, serão portadores de variados distúrbios psíquicos, necessitando de médico e abrigo, mas, sobretudo, de amor, compreensão e esclarecimento espiritual.

Nesse momento, Machadinho percebeu que o generoso amigo lhe desfazia as incertezas. Entendia, agora, o que faltava em seus planos. Preparou-se para dialogar, mas estranha sensação lhe cortou a voz e, tomado de súbita vertigem, despertou no corpo físico com lembrança fragmentária do ocorrido.

No dia seguinte, quando se lavrou a ata de fundação do Centro Espírita Eurípedes Barsanulfo, Machadinho pediu que se incluísse, entre os objetivos do grupo, o tratamento de doentes mentais, iniciativa esta que, mais tarde, após seu retorno ao mundo espiritual, se tornaria o Sanatório Espírita José Dias Machado.

Era o compromisso do servidor do Evangelho com o Apóstolo de Jesus.

128

ABUSO

O hóspede chegou ao hotel apenas para um pernoite. Entretanto, apesar da curta estadia, fez inúmeras exigências.

Cama mais larga.

Colchão especial.

Dúzia de toalhas.

Refeição quente.

Atendimento rápido.

Informado, porém, de que não seria possível atender a todos os pedidos, o novo hóspede se exaltou e agiu de maneira tão abusiva que não foi aceito como cliente do hotel.

Na viagem rumo à eternidade, somos hóspedes temporários

do corpo físico e Deus atende às nossas necessidades.

Tarefas saneadoras.

Orientação e ajuda.

Coragem e ânimo.

Contudo, nem sempre aceitamos o limite das situações. Revoltamo-nos. Exigimos. Exageramos. E, com tantos abusos, perdemos preciosa oportunidade de evolução.

129

A VOLTA DE ALLAN KARDEC

Início do século XX. Nas regiões mais elevadas da Espiritualidade, acontecia importante reunião. Encontro significativo. Decisões de relevância. Presença marcante de Allan Kardec.

Discutia-se a volta do apóstolo espiritista às lides terrenas. Época difícil na Doutrina Espírita. Controvérsia estéril entre os adeptos. Ideia de exclusividade da investigação científica e filosófica. O cientificismo, atuante no meio doutrinário, negava o aspecto religioso.

Urgia, pois, o testemunho do Espiritismo comprometido com as lições da Boa Nova, semeando, no coração dos homens, o amor e a caridade.

Clima de emoção. Recolhimento. Expectativa.

Venerável preposto de Jesus, envolto de luz alvinitente, dirigiu-se a Kardec e falou com bondade:

– Chegou a hora, meu filho...

O Codificador respondeu, firme e respeitoso:

– Estou pronto e confiante.

Consta, nos registros do mundo espiritual, que ocorreu, a partir daí, sublime e emocionante diálogo, do qual transcrevemos, palidamente, alguns fragmentos:

– Renascerás em condições adversas...

– Obedecerei à vontade do Senhor.

– Começarás muito novo, entre aflições e dificuldades, e trabalharás com sacrifício e renúncia por longo tempo...

– Dedicarei cada minuto a seara do Bem.

– Não possuirás títulos acadêmicos...

– O único título que almejo é o de fiel servidor do Cristo.

– Encontrarás desconfianças e agressões...

– Buscarei na fé e na humildade a força para resistir.

– Terás a dor por companhia constante...

– Saberei aceitá-la com o amparo do Alto.

– Companheiros não te entenderão e se voltarão contra ti...

– Cumprirei meu dever e guardarei a consciência em paz.

– Não farás nada por ti mesmo, serás apenas instrumento...

– Agradecerei a Deus a oportunidade de servir.

– Não gozarás as alegrias e o aconchego do lar constituído...

– A Humanidade será minha família.

– Assumirás espinhosa missão no desdobramento da Codificação Espírita...

– Serei leal aos princípios doutrinários, ciente de que o Espiritismo é o Consolador prometido por Jesus.

– A tarefa te exigirá devotamento e abnegação...

– Não hesitarei viver em plenitude o Evangelho e a Doutrina Espírita.

O iluminado benfeitor interrompeu o colóquio e, após elucidativos comentários sobre a nova etapa de trabalho, rogou as bênçãos do Senhor ao missionário de partida. Seguiram-se calorosas demonstrações de solidariedade e, no final da primeira década deste século, em doce atmosfera de esperança, Allan Kardec retornou ao plano físico, renascendo em pequena cidade do interior brasileiro.

130

Coração em chamas

A multidão assistia paralisada ao incêndio que devastava o casarão antigo.

Labaredas enormes.

Rolos de fumaça.

Gritos apavorantes.

Os bombeiros trabalhavam ativamente, tentando apagar o fogo e retirando com presteza os sobreviventes.

Quando o salvamento parecia encerrado, alguém avisou que o homem paralítico ainda se encontrava dentro da casa. O incêndio tomara proporções indescritíveis. Criou-se, então, o impasse. Surgiu a dúvida se era viável entrar de novo no prédio.

Enquanto a discussão prosseguia, a multidão gritou, admirada. Jovem bombeiro procurava entrar no casarão e, logo, desapareceu entre as labaredas.

– É suicídio – exclamou o chefe, preocupado.

Silêncio absoluto pairou acima de todos. O tempo custava a passar. Algumas pessoas já choravam, temendo o pior. E, quando não se tinha mais esperança, o bombeiro surgiu entre as chamas, carregando o homem.

A multidão explodiu em aplausos e gritos enquanto o jovem bombeiro trazia no rosto o sorriso sereno do dever cumprido.

Muitas vezes, incêndios devastadores assolam a alma.

Gesto incompreendido.

Conflitos familiares.

Ofensas descabidas.

Sobrevivência difícil.

Nessa hora, rogue a Deus lhe dê coragem para enfrentar os desafios da evolução, libertar-se do egoísmo e resgatar do coração em chamas a esperança paralisada pela revolta.

131

A PALAVRA DO CODIFICADOR

A região espiritual se inundava de intensa alegria em virtude da presença próxima, ainda que virtual, do missionário da Codificação.

Noite calma. Brisa suave. Clima de paz. Canteiros floridos margeavam as alamedas que conduziam ao recinto de estudos e perfumavam a atmosfera circundante, amenizando o calor das discussões em pauta. O tema proposto era o aspecto religioso na atividade doutrinária.

Evangelizadores e intelectuais espíritas, temporariamente desligados do corpo físico, lotavam o auditório à espera da palavra do Codificador, cuja aparência atual, a surgir na tela disposta no salão, era motivo de ansiosa expectativa. Seria ela o perfil céltico do professor lionês que estabeleceu as bases da Doutrina ou teria os traços de sua existência seguinte, na fisionomia cândida do médium que desdobrou e completou a obra da Codificação?

Os comentários, porém, cessaram, quando a tela se iluminou. Suave melodia envolveu o ambiente, pacificando os corações e emocionando até às lágrimas. Era o preparo necessário para o momento mais importante daquela reunião.

Logo a seguir, já sem a música e com a tela apenas iluminada, o Codificador iniciou a preleção com voz firme e clara. Discorreu longamente sobre a faceta religiosa da Terceira Revelação. Relembrou a condição do Espiritismo como o Consolador prometido por Jesus. Impossível reproduzir todo o conteúdo e beleza de suas palavras. Ao final da palestra, no entanto, o Codificador se expressou com ênfase:

– Espíritas! O Evangelho é a alma do Espiritismo. O espírita leal é consciente da responsabilidade que traz sobre os ombros e não foge ao compromisso do bem. Tem a missão de evangelizar o irmão que retorna ao convívio material e desponta para o calvário de provações. O meio doutrinário, no entanto, não tem correspondido ao objetivo sublime.

O Evangelho ensina a paz, e espíritas não se entendem. Ensina a misericórdia, e espíritas se atacam. Ensina o perdão, e espíritas não se toleram. Ensina a humildade, e espíritas cultivam o orgulho. Ensina a brandura, e espíritas se agridem. Ensina a justiça, e espíritas são injustos.

O Evangelho ensina o sim, sim e o não, não, e espíritas vacilam quanto à legitimidade doutrinária.

Ensina o amor e a fraternidade, e nas instituições espíritas fermentam a competição e a luta pelo poder.

O Evangelho é o móvel da transformação moral, e o espírita tem o dever de dar o exemplo nas atitudes e palavras. Evangelizar a si mesmo, para evangelizar o próximo.

Rogo ao Senhor nos abençoe a todos e nos fortaleça no bem, com Jesus e por Jesus, a fim de que nossa tarefa não se perca nos labirintos da polêmica estéril.

Encerrada a preleção, a doce melodia envolveu novamente o recinto. Pontos brilhantes surgiram na tela iluminada e desenharam, pouco a pouco, o rosto sereno e meigo de Chico Xavier.

132

O APÓSTOLO

No recinto acanhado, o Apóstolo atendia a multidão que o procurava.

Ouvia.

Orientava.

Confortava.

Reerguia.

Acalmava.

Alertava.

Esclarecia.

Durante todo o tempo, sorria e abraçava as pessoas, ofertando-lhes carinho e segurança. Simples e sincero, transmitia a palavra do Senhor com bondade e sabedoria.

Era assim Chico Xavier. Medianeiro humilde na Doutrina Espírita, foi, na verdade, Apóstolo de Jesus e exemplo vivo do Evangelho em cada instante de toda a sua vida.

Leia também as outras obras da série "Histórias da Vida" de **Antônio Baduy Filho** pelos Espíritos Hilário Silva e Valérium

Conheça mais sobre a Doutrina Espírita através das obras de **Allan Kardec**

www.ideeditora.com.br

ideeditora.com.br

Acesse e cadastre-se para receber informações sobre nossos lançamentos.

twitter.com/ideeditora
facebook.com/ide.editora
editorial@ideeditora.com.br

ide

IDE Editora é apenas um nome fantasia utilizado pelo INSTITUTO DE DIFUSÃO ESPÍRITA, entidade sem fins lucrativos, que promove extenso programa de assistência social, e que detém os direitos autorais desta obra.